走进"一带一路"丛书

浙江省社科联社科普及课题（22KPWT06ZD-1Z）

多瑙河畔的东方王国
奥地利

王佳懿　赵　彬　著

The Republic of Austria

浙江工商大学 出版社
ZHEJIANG GONGSHANG UNIVERSITY PRESS
·杭州·

图书在版编目(CIP)数据

多瑙河畔的东方王国——奥地利 / 王佳懿，赵彬著
. — 杭州：浙江工商大学出版社，2023.11
（走进"一带一路"丛书）
ISBN 978-7-5178-5294-0

Ⅰ．①多… Ⅱ．①王… ②赵… Ⅲ．①奥地利—概况
Ⅳ．①K952.1

中国版本图书馆 CIP 数据核字（2022）第 252160 号

多瑙河畔的东方王国——奥地利
DUONAO HE PAN DE DONGFANG WANGGUO—AODILI

王佳懿　赵　彬著

出 品 人	郑英龙
策划编辑	王黎明
责任编辑	王　琼
责任校对	何小玲
封面设计	朱嘉怡
责任印制	包建辉
出版发行	浙江工商大学出版社
	（杭州市教工路 198 号　邮政编码 310012）
	（E-mail：zjgsupress@163.com）
	（网址：http://www.zjgsupress.com）
	电话：0571 - 88904980,88831806（传真）
排　　版	杭州朝曦图文设计有限公司
印　　刷	杭州高腾印务有限公司
开　　本	880mm×1230mm　1/32
印　　张	6.25
字　　数	146 千
版 印 次	2023 年 11 月第 1 版　2023 年 11 月第 1 次印刷
书　　号	ISBN 978-7-5178-5294-0
定　　价	59.80 元

走进"一带一路"丛书顾问委员会

丁喜刚　新华社前驻达喀尔分社首席记者

王　波　新华社前驻伊拉克共和国、科威特国、沙特阿拉伯王国和巴林王国分社首席记者

刘咏秋　新华社驻罗马分社记者，前驻希腊共和国、斯里兰卡民主社会主义共和国分社记者

陈德昌　新华社前驻希腊共和国分社、塞浦路斯共和国分社首席记者

明大军　新华社前驻曼谷分社、驻耶路撒冷分社首席记者

章建华　新华社驻堪培拉分社首席记者，前驻喀布尔、河内和万象分社首席记者

特别顾问

马晓霖　浙江外国语学院教授，环地中海研究院院长

走进"一带一路"丛书编委会

‖ 目　录 ‖

开篇

　　一提起奥地利,人们脑海中首先浮现的也许是一年一度的维也纳新年音乐会和富丽堂皇的维也纳金色大厅,耳边会响起小约翰·施特劳斯《蓝色多瑙河》悠扬的华尔兹旋律,或许还会想到茜茜公主或电影《音乐之声》。可能是因为同样说德语的奥地利人具有与德国日耳曼民族相似的沉稳个性与低调气质,你或许不知道这个国土面积相当于浙江省面积的 4/5(奥地利国土面积 83879 平方千米)、总人口不到浙江省人口的 1/5(奥地利人口为 910.6 万,2023 年 1 月 1 日数据)的欧洲"小国",是世界上的富裕、发达国家之一,其人均 GDP 数十年来一直领先于德国,首都维也纳在世界宜居城市排名中一直牢牢占据领先地位,2019 年甚至荣登榜首。本书将带你走进这个低调而奢华的国家。

　　2021 年是奥地利与中国建交 50 周年。50 年间,中奥双方务实合作成果丰硕,双边贸易额相较建交之初增长逾 400 倍,中国成为奥地利在全球的第四大贸易伙伴和在亚洲的最重要贸易伙伴。在全球化背景下,尤其是在"一带一路"倡议与中国—中东欧国家合作("17+1 合作")框架下,奥地利和中国近年来往来频繁,积极拓展经贸、科研、旅游和人文等领域的交流合作。自 2010 年以来,两国元首相互进行了数次国事访问。2018 年,奥地利总统范德贝伦率总理库尔茨及多位部长组成的 250 人高级别大型代表团访华——总统和总理一同出访同一国家,这在奥地利史上尚属首次。2019 年,总理库尔茨再次访华,出席第二届"一带一路"国际合作高峰论坛;除北京、上海外,库尔茨还专程到访浙江,在杭州出席了浙江省—下奥地利州商务论坛,并参观了阿里巴巴集团总部,体现了这位总理对中国和浙江的重视及友好情谊。

奥地利位于多瑙河畔,地处欧洲"心脏"地带,是"一带一路"倡议下欧洲沿线国家中的重要一环。它东邻匈牙利和斯洛伐克,南连斯洛文尼亚和意大利,西部毗邻瑞士和列支敦士登,北部与德国和捷克接壤。鉴于其位于欧洲中心这一地缘位置,对奥地利而言,似乎自古至今都有"东西"之争。本书将奥地利冠以"多瑙河畔的东方王国",主要出于其国名"奥地利"一词在古德语中的本义——"东方地带",即当时同为日耳曼族的巴伐利亚文化区的东部领地。同时,由于其地理位置和地缘政治意义,奥地利拥有一段悠久而复杂的历史,曾一度是庞大强盛的多民族帝国,也一度被卷入两次世界大战。这也给今天的读者留下了不少奥地利历史名人的"公案"。例如,德国大众汽车公司创始人波尔舍(一译"保时捷")到底是德国人、奥地利人还是捷克人,出生在布拉格的著名犹太作家卡夫卡究竟算奥地利人还是捷克人?本书将通过梳理奥地利复杂的历史脉络,为你一一解答。

虽然奥地利的官方语言也是德语,但奥地利德语与德国人说的德语在发音、用词等方面有不少差别,就连我国德语专业的师生在初到奥地利之时都会对此感到困惑。本书将从历史演变和词汇差异两个角度,为你介绍奥地利德语。第二次世界大战后,奥地利作为新兴、独立的民族国家恰恰也是通过强调与德国的区别来建立自己的现代民族认同感的,对这个学界热门话题,本书也将一探究竟。

作为曾统治中欧 640 年的哈布斯堡王朝所在地,奥地利在相当长一段历史时期内一直是欧洲的政治文化中心,它与中国一样,有着深厚的历史文化资源。中国读者熟知的奥地利作家茨威格在《昨日的世界》中就用其优雅的笔调追述了 19 世纪、20 世纪之交维也纳那些享誉世界的诗人、学者、艺术家的文化生活。本书将带你领略维也纳作为世界文化名城的迷人一面。无独有偶,当代奥地利作家也继承了茨威格所描述的这种世纪之交的文化传统,在 21 世纪的头 20 年,就有两位奥地利作家摘得诺贝尔文学奖的桂冠。他们都有着强烈的艺术个性。一位是特立独行的女性主义者;另一位则是有南斯拉夫情结、敢于批判西方媒体片面报道的剧作家和小说家,并于 2016 年到访中国,与中国读者展开了诚挚而睿智的对话。本书也将为你初步解读这两位诺奖获得者的文学思想精髓。

奥地利时任总理库尔茨特意选择浙江作为他访华行程中的重要一站,必有深意。这位当选时年仅 31 岁的欧洲最年轻总理将"一带一路"倡议首次写入奥地利政府的执政协议。浙江省与奥地利下奥地利州是友好省州关系,宁波与维也纳新城是友好城市关系。近年来,奥地利和中国浙江的经贸合作交往成果丰硕,奥地利兴起一股"汉语热",在奥的浙籍华人不仅经商,还参政议政,有人甚至获得了"总统顾问"的头衔。本书还将用数节的篇幅,挖掘这一段段奥地利与中国浙江的友好故事,未来可待可期。

借此书,我们将开启一场纸面上的"奥地利之旅",但愿你能"身临其境"。Gute Reise!(祝你旅途愉快!)

上篇

奥地利的前世

几经更名——历史上的奥地利

奥地利是一个有故事的国家。翻开奥地利历史，我们可以看到它曲折漫长、历久弥坚的沧桑岁月。作为地处欧洲中心位置的国家，奥地利历来是欧洲各国、各部落族群之间竞相争夺的重要的军事、商业、文化战略要地，并在历史进程中经历了诸多变迁，曾有过超民族的哈布斯堡帝国的大国身份，历经世界主义的"维也纳1900"的繁荣，也面临过在历史问题和身份认识上尴尬的"失根时代（1918—1945）"。这一切过往，都值得从奥地利独特的历史轨迹角度说开去。

奥地利在历史上先后被占罗马人、匈奴人、哥特人、巴伐利亚人等占据。尽管20世纪90年代"冰人奥茨"的发现，证明了人类在现今奥地利地区的活动可能比"奥地利"这一概念的诞生要早几千年，但整体而言，这一地区多山地，早期的人类定居极少。据历史学家推断，公元前200年左右，凯尔特人在这里建立了诺里库姆（Noricum）王国，但在公元前15年被罗马人占领。① 到中世纪初期，哥特人、巴伐利亚人逐渐入境定居，使得该地区日趋日耳曼化和基督教化。自罗马人被打败后，这一地区在文化和语言上占主导地位的一直是日耳曼诸部落，尤其是巴伐利亚人对当地语言文化的影响最大，并使当地逐渐全面使

---

① ［美］史蒂芬·贝莱尔著，黄艳红译：《奥地利史》，中国大百科全书出版社2009年版，第2页。

用德语方言。7 世纪后,巴伐利亚人逐渐皈依基督教,奥地利地区在宗教上逐渐成为罗马世界的一部分。但是奥地利一带的居民远不是来自一个纯粹的种族,其间阿瓦尔人的入侵以及斯拉夫人在阿尔卑斯山东部大片地区的定居,为当时复杂的战乱局面增加了元素。① 尽管日耳曼人最终胜出,日耳曼人的主流语言和文化占据该地区的主导地位,但不少斯拉夫社区及文化得以保留,这也为这一地区日后成为一个超民族、多文化交汇的地区做了铺垫。但是在漫长的整个历史时期,日耳曼族的巴伐利亚文化一直占据着该地区的支配地位,甚至奥地利这一国家名称的由来也和巴伐利亚有着紧密关系。据考证,“奥地利”(古德语 Ostarrîchi)这个词最早出现在 996 年,当时这块疆土是巴伐利亚公爵的一块东部领地。② 这个古德语最初在拉丁语中为 Terra Orientalis,意为“东方地带”。随着古德语词在历史进程中的几番演化,“奥地利”这一名称的德语写法最终变成现今的 Österreich。这个位于多瑙河畔的“东方地带”经历了它漫长的历史之旅。

奥地利地处欧洲中心,东边与匈牙利、斯洛伐克等东欧国家为邻,西边与瑞士、列支敦士登接壤,是连接东西欧的重要桥梁。正是由于其重要的地理位置和地缘政治意义,奥地利拥有一段悠久而复杂的历史:在这块疆土上曾有不同的王朝和帝国,这里也曾卷入过两次世界大战。今天,如果把奥地利历史上的国旗和国徽作为其国家不同阶段的历史划分依据的话,我们可以将奥地利分为以下几个时期:奥地利公国时期、奥地利

---

① [美]史蒂芬·贝莱尔著,黄艳红译:《奥地利史》,中国大百科全书出版社 2009 年版,第 6 页。

② Perkmann, Rochus. *Geschichte der Cultur in Österreich*. Wien: Hanse Verlag, 2016, p. 14.

996 年的文献中首次出现奥地利"Ostarrichi"名称（画圈处），现代奥地利将此作为建国佐证

大公国时期、奥地利帝国时期、奥匈帝国时期、奥地利第一共和国时期以及现今的奥地利第二共和国时期。

　　既然涉及奥地利的国旗，就有必要讲讲奥地利国旗的来源。在欧洲流传最广的说法是，奥地利这个红白红相间的国旗是当年神圣罗马帝国皇帝为褒奖公爵利奥波德五世（Leopold V）在十字军东征时的英勇善战所赠。据传，当年公爵利奥波德五世尽管在一场战争中受伤不轻，但仍奋勇作战，当他胜利而归时，他所穿的白色战袍已被血染成鲜红色，全身仅剩腰带部分为白色。神圣罗马帝国皇帝对利奥波德公爵很是赞赏，为表彰其功劳，颁赠他红、白、红三色勋章。据传，随后奥地利公国这种三色国旗的使用即始于此。[1] 我们会发现，现今奥地利使用的红白红国旗也沿用了奥地利公国时期的旗帜，很有历史感。当然，奥地利在不同历史阶段使用过不同的国旗。作为国家

---

① Trost，Ernst．*Das Tausendjährige Österreich*．Wien：Ibera Verlag，2003，p. 39.

形象代表的国旗和国徽,必然承载了相关意义和故事,通过国旗和国徽,我们可以了解到奥地利在不同时期分别经历过奥地利公国、奥地利大公国、奥地利帝国、奥匈帝国、奥地利第一共和国和奥地利第二共和国这几个不同的历史阶段。下面将以上述几个历史阶段为轴,简述历史上的奥地利。

第一阶段：奥地利公国（1156—1453）

如上文所言,奥地利曾在很长一段时间内都作为巴伐利亚的附属国存在。直到 1156 年,神圣罗马帝国皇帝腓特烈一世（Frederick Ⅰ）赐予奥地利地区当时的统治者——巴本堡家族的亨利二世（Henry Ⅱ）以公爵头衔,并赐予他"小特权"①。此举正式将奥地利从巴伐利亚公国的附属国升格为独立公国。这也是奥地利在历史上作为独立公国正式诞生的标志,并取名为"奥地利公国"（Herzogtum Österreich）,首都便是现今首都维也纳。

奥地利公国成立之初,由巴本堡家族统治。巴本堡家族同时获得神圣罗马帝国授予的世袭奥地利公爵的特权。

巴本堡家族起初只是奥地利地区的一个部落,它的发展壮大得益于神圣罗马帝国皇帝册封伯爵。当时,东部游牧部族马扎尔人不断向西入侵,并与东进势头很猛的日耳曼人屡次发生冲突。神圣罗马帝国出兵,在 955 年正式击退马扎尔人收复奥地利后,于 976 年在奥地利设立巴伐利亚东部边区,并封来自巴本堡家族的利奥波德一世为边区伯爵。奥地利历史中的巴本堡王朝时代正式诞生。只不过,当时的巴本堡家族只是巴伐

---

①　小特权:拉丁文 Privilegium Minus,指神圣罗马帝国皇帝腓特烈一世于 1156 年 9 月 17 日授予奥地利当时的统治者亨利二世的特权。

利亚公国的附属地,巴本堡伯爵须臣服于巴伐利亚公爵。但巴本堡家族的好运气还未用完。随着神圣罗马帝国的王朝更迭,新兴的霍亨斯陶芬(Hohenstaufen)王朝取代了韦尔夫王朝。在这一过程中,巴本堡家族领导人亨利二世一心向着霍亨斯陶芬家族,在王朝更迭时期表现自己的忠心,并赢得了帝国新王朝统治者的好感。神圣罗马帝国皇帝"红胡子"腓特烈一世为报答巴本堡家族,于1156年正式册封亨利二世为公爵。巴本堡家族正式取得相对于巴伐利亚的独立地位,奥地利正式成为奥地利公国。春风得意的亨利二世将首都迁到维也纳,从此维也纳成为奥地利不变的首都。

在巴本堡家族统治奥地利的近3个世纪里,家族统治者们表现出色,奥地利地区得以发展,并逐渐成为神圣罗马帝国东南部一个富饶的辽阔地带。深受帝国皇室信任的巴本堡家族,除了获赠公爵头衔外,还与皇室霍亨斯陶芬家族联姻。不少历史学者认为,巴本堡家族的成功不仅得益于其高超的冒险行为和狡猾的家族政策,还在于其所在的领地是中欧里土地较为肥沃、经济较为繁荣的地区。巴本堡家族对奥地利在这一时期的社会文明发展功不可没,也给奥地利地区带来了首次真正的繁荣。只可惜,巴本堡家族的好运未能一直延续。在统治奥地利公国后,巴本堡家族于1246年发生公爵绝嗣,继而引发地区动荡。1246年6月,公爵腓特烈二世在莱塔河上作战时被匈奴人杀死,而他没有男性继承人。没有男性继承人成为巴本堡家族在欧洲封建统治时期犯下的一个重大错误。因为那时,奥地利政治生活中的另一个家族——哈布斯堡家族,正是利用了这一契机,在历经几十年的战乱之后,成为奥地利公国的后期掌权人。

巴本堡家族在绝嗣之后,陷入了混乱。为了恢复秩序,奥地利贵族于 1251 年邀请波希米亚国王奥塔卡尔充当该地区的统治者,并安排其与巴本堡家族的女性继承人玛格丽特结婚。奥塔卡尔的野心远不止奥地利地区。不久,他为了与匈牙利联姻,同巴本堡家族的玛格丽特离婚,并在奥地利、施蒂里亚、卡林提亚、卡尼奥拉、阿奎莱亚等地区建立起有效统治,似乎要建立一个从波罗的海到亚德里亚海的大帝国。同样,神圣罗马帝国在腓特烈二世去世后,也陷入混乱。而此时虽然拥有大片领地的奥塔卡尔同样有野心竞选帝国皇帝,但德国的诸侯最终于 1273 年选举哈布斯堡家族的鲁道夫一世为德意志国王。奥塔卡尔于 1276 年正式将自己占有的奥地利领地交给了鲁道夫。罗马人民的国王,同时也属于哈布斯堡家族的鲁道夫一世于 1278 年正式进驻奥地利,开始了长达 640 年的哈布斯堡王朝统治时期。

　　对哈布斯堡家族来说,奥地利领地的获取是家族崛起的一个重要步骤。在入驻奥地利后,家族领导人积极加强以奥地利为中心的权力基地建设,不断扩大其在周边地区的领地范围。然而,哈布斯堡家族的野心并不止于奥地利公国,继承人也不想只做个公国的公爵,这一点在随后的家族领导人鲁道夫四世(Rudolf Ⅳ)身上就得以窥见。1348 年,来自德意志西部家族的卢森堡的波希米亚国王成为帝国皇帝查理四世(Charles Ⅳ)。哈布斯堡家族的鲁道夫四世于 1353 年娶了查理四世的女儿,但其岳父查理四世于 1356 年颁布"黄金诏书"(Golden

Bull)①,并修订了帝国法,较大限度地削弱了巴伐利亚和奥地利的地位。鲁道夫四世出于对该文件的不满,并在他强大的政治野心驱使下,做出了中世纪欧洲最大的欺骗行径:伪造帝国"大特权"②。这被鲁道夫四世称为"重新发现",主要包括 5 份文件,其中提及了帝国皇帝腓特烈一世授予巴本堡公爵的一系列特权,强调奥地利在帝国内部的重要地位;同时更重要的一点是,"大特权"还授予奥地利公爵"大公"头衔。鲁道夫四世伪造帝国"大特权"的目的是借此提高奥地利公国的地位,更为重要的是想给家族带来选帝权,增加家族成员成为帝国皇帝的可能性。③ 但鲁道夫四世直到去世都没能实现他的这一"愿景",因为查理四世对这些文件的真伪深表怀疑,在位之时始终没有承认其合法性。鲁道夫四世的这份野心和阴谋直到 1453 年,奥地利大公腓特烈加冕成为神圣罗马帝国皇帝才有了初步实现的可能。这位来自哈布斯堡家族的皇帝明白家族先辈们的"苦心",上任不久后便承认"大特权"是有效的,于是伪造的文献得以变成"事实",奥地利大公的头衔被神圣罗马帝国正式"官宣"。

---

① 作为欧洲最大的君主,查理四世虽不愿动摇帝国选举制度,但希望进一步明确德意志人在选举中的特权,以排除教皇的干预和其他国王的觊觎之心。在长达数月的讨论后,查理四世最终确定美因茨、特里尔和科隆三大主教,以及波希米亚国王、普法尔茨伯爵、萨克森公爵和勃兰登堡边区伯爵为七大选侯。同时奥地利和巴伐利亚的地位被削弱。

② 大特权:拉丁文 Privilegium Maius,区别于之前神圣罗马帝国皇帝颁予奥地利的"小特权",将奥地利从神圣罗马帝国的公国提升为大公国。该文件被认定为鲁道夫四世在 1358 年或 1359 年伪造的一份文件,宣称根据神圣罗马帝国皇帝腓特烈一世旨意,将奥地利升格为大公国。

③ [荷]彼得·贾德森著,杨乐言译:《哈布斯堡王朝》,中信出版社2017 年版,第 75 页。

第二阶段：奥地利大公国（1453—1804）

这位将奥地利公国升级为奥地利大公国（Erzherzogtum Österreich）的腓特烈五世是哈布斯堡家族又一个重要人物。他于 1440 年当选为德意志国王，并于 1452 年 3 月正式由罗马教皇加冕为皇帝，成为腓特烈三世（又称弗雷德里克三世），成为哈布斯堡家族的第一个皇帝。[①] 从腓特烈三世开始，哈布斯堡家族对帝位的垄断一直持续到 1806 年（只有 1740—1745 年除外）。[②] 在当选为神圣罗马帝国皇帝之后的第二年，腓特烈三世正式承认了奥地利"大公国"的合法性，奥地利正式升级为奥地利大公国，其政治地位得以进一步提高。尽管如此，"大特权"和大公国的头衔依旧没能给哈布斯堡家族带来选帝权。家族的政治野心依旧有待几代人努力奋斗去实现，而从后世看，腓特烈三世似乎是重要一环。

整体而言，后世对腓特烈三世的成就认可度颇高。除了在促进地区建设和发展方面的功绩外，他在军事领域的统治也被视为称职（尽管在兵荒马乱、多战争的年代，他也曾输了不少战役）。对哈布斯堡家族而言，他主持的一桩政治联姻对家族后世的发展有着重大的政治意义，这桩政治联姻即与勃艮第（Burgundy）王朝的联姻。当时勃艮第公爵的领地散布在法国和德国之间，拥有欧洲最繁华的地区，是当时欧洲富有的地区之一，并占据重要的战略位置。为了争取勃艮第的支持，腓特烈

---

① 哈布斯堡家族的鲁道夫一世虽当选为德意志国王，但没有加冕，因此历史上把腓特烈三世视为哈布斯堡家族的第一个皇帝。

② ［美］史蒂芬·贝莱尔著，黄艳红译：《奥地利史》，中国大百科全书出版社 2009 年版，第 29 页。

三世在家族成员的劝说下,帮儿子马克西米利安(Maximilian)和勃艮第的查理唯一的女儿玛丽亚说亲。1473年底,这对新人在特里尔订婚。1476年8月,马克西米利安与玛丽亚正式完婚。可惜来自勃艮第的玛丽亚在1482年便过世了。在玛丽亚去世后,马克西米利安为争夺勃艮第的遗产与法国人进行了长达数年的斗争,最终在1493年夺回相当大一部分产业,这大大拓展了哈布斯堡家族的领地。1493年8月,腓特烈三世过世,他留给家族子孙的是奥地利和勃艮第两份家业。

之后,腓特烈三世的长子马克西米利安继承父业,成为奥地利大公,后来又成为罗马人民的国王和神圣罗马帝国的皇帝,后世称其为"马克西米利安一世"。马克西米利安一世同样是哈布斯堡家族的时代功勋。他继续先辈的宣传攻势,以言语和形象坚称哈布斯堡王朝拥有成为帝国王朝的神圣权利。同时,他作为政治联姻的既得利益者,是哈布斯堡家族又一位以联姻方式扩大奥地利乃至哈布斯堡影响力的高手,并且在其一生给子孙缔结了数桩对家族发展极为有利的婚姻联盟①,是哈布斯堡家族鼎盛时期的奠基者。马克西米利安除了是一个有谋略的政治家、胸怀韬略的统帅外,还是一个富有文艺复兴气质的君主,是学者和诗人,也被后世称为"最后的骑士"。1519年,马克西米利安病逝,他的儿女普遍与外国王族结亲,哈布斯堡王朝在欧洲的影响力大大增强,他的两个孙子卡尔和费迪南日后相继成为神圣罗马帝国皇帝。1492年,马克西米利安的儿子菲利普迎娶卡斯蒂利亚王储的女儿胡安娜,开创了西班牙哈布斯堡王朝。1521年,马克西米利安的孙子,也就是日后神圣罗马帝国皇

① [美]史蒂芬·贝莱尔著,黄艳红译:《奥地利史》,中国大百科全书出版社2009年版,第34页。

帝费迪南一世,迎娶了波希米亚公主安娜·雅盖洛。1526 年,受益于政治联姻的哈布斯堡家族,继承了波希米亚王国的选帝权,此后哈布斯堡家族也就迎来了其鼎盛时期。[①] 鲁道夫四世当年遗留下来的家族愿望,到这一时期得以真正实现。

奥地利大公国的身份让哈布斯堡家族获得一系列特权,让奥地利逐渐成为罗马帝国重要的邦国之一。这段时期是奥地利历史上从一个藩侯国(Markgraftum)晋升为帝国中心的重要积累与嬗变阶段,同时也成为哈布斯堡家族统治欧洲的辉煌时期。从这一时期的国旗和国徽上能发现,与先前相比,最明显的是多了象征神圣罗马帝国皇帝权位的"皇冠",这既是哈布斯堡家族的权力外宣,也暴露了其一贯野心。尤其是在 1763 年 7 年战争后,奥地利大公国发展为当时欧洲人口第二大国,成为地跨中欧、南欧和东欧的多民族国家。国家首都除 1583—1611 年位于布拉格之外长期位于维也纳。

第三阶段:奥地利帝国(1804—1867)

奥地利帝国(Kaiertum Österreich)是奥地利历史上的帝国时期,首都同样在维也纳。这个阶段以神圣罗马帝国皇帝弗兰茨二世于 1804 年 8 月 11 日宣布创建"奥地利帝国"并封自己为帝国皇帝为开端。奥地利帝国的成立从侧面折射出哈布斯堡家族从掌控地跨亚、欧、非三大洲的"日不落"帝国走向衰弱。弗兰茨二世改帝制乃是不得已之举,因为这一时期神圣罗马帝国皇帝在欧洲的权力和影响力已大大减弱,同时,周边的战乱与威胁又不断升级:奥地利西边的法国爆发了大革命,1804 年 5

---

① Trost, Ernst. *Das tausendjährige Österreich*. Wien: Ibera Verlag,2003,p. 83.

月,拿破仑自称法国人的皇帝,这显然是对当时的罗马帝国皇帝弗兰茨二世的一个挑战①;另一边,德意志联邦公国的割据局面也令奥地利感受到威胁;南部的意大利地区也陆续开展革命。正是在这种窘迫的局面之下,弗兰茨二世为加紧统合哈布斯堡君主国的领地,主动缩小疆土范围,以加强国家对疆域内地区的控制与管理,并于 1804 年 8 月宣布自己为弗兰茨一世,即第一位奥地利的世袭皇帝。

不少历史学者认为,以这个新称号为基础建立一个帝国其实是个换汤不换药的形式之举,因为事实上,有了"奥地利帝国皇帝"这一称号并不意味着创建一个新的、统一的奥地利帝国,奥地利帝国的管辖区域并非一个奥地利,而是多个奥地利国家。而且皇帝头衔的法律基础存疑,它抛弃了罗马帝国时期的选帝制度,忽视了传统。从某种意义上说,世袭的奥地利帝国几乎是选举制的神圣罗马帝国的翻版。从奥地利帝国的国旗上能够发现,它并没有延续奥地利历史上的红白荣誉两色,而与神圣罗马帝国的黑色和金色一致,并且将神圣罗马帝国国徽中的双头鹰图案纳入奥地利国徽中,新的帝国纹章是在原先奥地利纹章上加罗马帝国皇冠。

为巩固疆域,奥地利帝国皇帝与英国和俄国建立军事联盟,并取得了一定成效,包括击退法国,也巩固了部分意大利北部领地,但其在欧洲境内的统治地位与政治威信受到重创,并再未从中恢复过来。同时,奥地利帝国的威胁不仅来自国外,还来自国内势力日益增强的各民族革命派,因为这时的欧洲已掀起自由主义和民族主义两股思潮,这两股思潮直接对多种族

①　[英]西蒙·温德尔著,于江霞译:《多瑙河畔:哈布斯堡的欧洲》,上海社会科学院出版社 2019 年版,第 307 页。

和领土跨越多地区的奥地利帝国产生冲击。1830 年,法国又爆发革命并成为一个自由立宪君主国,比利时也在英国的保护下完成独立。尽管意大利和波兰地区的自由革命运动遭到镇压,但奥地利似乎越发被视为民族和自由运动的敌人。① 1835 年,弗兰茨一世去世,帝国的统治再次陷入危机,国家运转缺乏方向感。在很短时间内,欧洲不少反动政权转变成一系列自由自治的宪政国家。跟之前欧洲动荡的武装局面不同,这时的改革动力并非直接来自武力,更多源于思想的力量,因为这一时期,"人民意志""民主""自由"等观念在帝国民众中广泛传播,帝国似乎变成与时代精神背道而驰的存在。正是在这一背景下,1848 年 3 月,奥地利帝国首都维也纳也爆发了"三月革命",一群学生及学生支持者为提交改革请愿书向奥地利议会所在地进军,帝国当局不得不设想一条符合进步精神的道路并答应公布宪法。面对内忧外患的窘迫局面,奥地利先在 1859 年失去了其在意大利的所有领地,1866 年同北边的普鲁士战争又失败,被迫彻底退出德意志联邦,正式结束哈布斯堡家族在德意志联邦的统治时代。② 1866 年,弗兰茨一世改革进程结束,这一改革本想把哈布斯堡王朝聚合体改造成一个可以参与欧洲国家之间竞争的单一国

---

① ［美］史蒂芬·贝莱尔著,黄艳红译:《奥地利史》,中国大百科全书出版社 2009 年版,第 109 页。

② 部分历史学者认为,1866 年的战败意味着奥地利从 1740 年开始的普奥竞争终以普鲁士的完全胜利而告终。奥地利的不少德意志人,曾认为他们是德国人(由于德国在某种意义上建国较晚,所以"德意志人"的范畴大于"德国人"。德意志人指说德意志语言的族群,德意志民族意识兴起后,这个词用来指代德意志民族),但从政治上说,现在的奥地利不再是德意志的一部分,这对奥地利的德意志认同有着深刻影响。(参见［美］史蒂芬·贝莱尔著,黄艳红译:《奥地利史》,中国大百科全书出版社 2009 年版,第 133 页。)

家,而 1866 年后,奥地利再也没有恢复欧洲头等强国的声望。

第四阶段:奥匈帝国(1867—1918)

在与普鲁士的战争遭遇灾难性失败后,1867 年,奥地利帝国皇帝弗兰茨·约瑟夫与马扎尔领导集团达成妥协议案。根据这一妥协议案,奥地利帝国改组成奥地利—匈牙利二元帝国,并正式改名为奥匈帝国(Österreich-Ungarn),不少历史学者将其称为"协商帝国"。① 后人认为,这份妥协议案的意图在于将哈布斯堡君主制转变成德意志—马扎尔人共治的体制,其中马扎尔人统治匈牙利,奥地利德意志人统治帝国其他地区,弗兰茨·约瑟夫继续担任两部分地区的君主,即匈牙利的国王和君主国其他地区的皇帝。"奥地利"这一名称暂时消失了。

弗兰茨·约瑟夫之所以采取妥协的策略,正是因为帝国面临内忧外患的窘迫局面。19 世纪中后期,人们的民族意识继续增强,奥地利帝国内各民族间的矛盾有激化之势,其中,境内少数民族不满于奥地利帝国的高压统治,因此境内出现大小革命浪潮。在听从帝国官员劝告后,当时的帝国皇帝弗兰茨·约瑟夫与境内各民族革命人士进行和平谈判。其中,马扎尔人是当时势力最为强大的一族,他们在谈判中直接表示,只接受一个与奥地利贵族共同管理奥地利和匈牙利的二元帝国。迫于情势,弗兰茨·约瑟夫最终接受匈牙利贵族要求,成立一个由奥地利帝国和匈牙利王国组成的二元君主国。历史学家认为,弗兰茨·约瑟夫此举的另一个重要目的是,联合马扎尔人以报复

---

① [美]史蒂芬·贝莱尔著,黄艳红译:《奥地利史》,中国大百科全书出版社 2009 年版,第 136 页。

北部的普鲁士人并企图重新涉足德意志事务。①

　　对哈布斯堡家族来说,改建奥匈帝国不失为一个上策,因为这么一来,奥皇非但不用担心具有极度威胁性的匈牙利贵族在境内搞革命,反过来还赢得了骁勇善战的匈牙利人民的支持,并借助他们的军事力量巩固外围疆域。匈牙利在奥匈帝国成立不久,就帮奥地利吞并了一个面积和人口不亚于米兰和威尼斯的波斯尼亚,奥地利也一度再次成为欧洲面积第二大国。

　　但世纪之交的政治危机却似乎成为文化创造的助推器。世纪之交的维也纳出现了大量新颖的文化和思想运动,其产生的成果一直震撼并贯穿整个 20 世纪。到 1910 年,维也纳已经是欧洲较大的中心城市之一,人口超过 200 万。不少学者认为,在维也纳的文化现代化进程中,当地犹太人对奥地利文化、思想和社会提供了一个崭新的、异质的贡献。回头看历史,这一时期的不少重要代表人物均有犹太人身份,其中包括心理分析学奠基人弗洛伊德和被认为富有影响力的现代哲学家之一的维特根斯坦,以及探索十二调音乐创作,给古典音乐带来革命性突破的勋伯格,等等。在文学革新领域同样出现了多位创造经典的犹太作家,包括国人熟知的茨威格、卡夫卡、施尼茨勒、穆齐尔等。一些活跃于这一时期的社团,包括心理分析小组、维也纳小组、奥地利的马克思主义小组等,组织者、参与者也多为犹太人或犹太后裔。在诸如律师、医生、记者等职业中,犹太人也是主力军。所以尽管当时维也纳的犹太人只占 10%,但他们占据了"自由"社会经济领域的大量资源,给当地社会文化带来不少生机与活力。犹太作家施尼茨勒在其作品《通往旷

---

　　① ［美］史蒂芬·贝莱尔著,黄艳红译:《奥地利史》,中国大百科全书出版社 2009 年版,第 138 页。

野的路》中以小说主人公的视角和经历描述了犹太人在这一时期所尝试的一条具有现代性的自由之路,包括对心理学、社会主义、自由主义、种族同化、移民,甚至还有犹太复国主义等主题的批判性内省。① 只是,这一时期维也纳在政治上已陷入较为严重的反犹主义,犹太人同时面临政治上被疏离、生活中被放逐的威胁。文化上的这一切似乎说明这一时期现代思想和现代社会基础矛盾之间存在一种张力和批判。

　　到 20 世纪初,这个二元君主国被内部各民族冲突折磨得筋疲力尽。除了由来已久的捷克和匈牙利危机之外,这个君主国在边境之处再次遭到了各类暴乱与威胁,致使国家的内政和外交纠缠在一起,尤其是来自帝国南翼的塞尔维亚人、克罗地亚人和斯洛文尼亚人混居地带的持续动乱以及亚得里亚海沿岸意大利人的威胁给帝国统治者带来了足够多的麻烦。② 1914 年,"萨拉热窝事件"发生,皇帝约瑟夫一世的侄子费迪南大公与其妻子在波黑萨拉热窝遇刺,奥匈帝国对塞尔维亚宣战,引发第一次世界大战。1918 年,奥匈帝国以战败国身份正式解体。自此,统治中欧 640 年的哈布斯堡家族正式走向灭亡。

---

　　① ［美］史蒂芬·贝莱尔著,黄艳红译:《奥地利史》,中国大百科全书出版社 2009 年版,第 169 页。
　　② ［美］史蒂芬·贝莱尔著,黄艳红译:《奥地利史》,中国大百科全书出版社 2009 年版,第 171 页。

第五阶段：奥地利第一共和国（1918—1934）[①]

奥匈帝国解体后，中欧一片混乱。奥地利境内说德语的日耳曼族群于 1918 年 11 月建立共和国，最初命名为"德意志奥地利共和国"（Republik Deutschösterreich）。从这一名称中不难看出境内日耳曼族群的强势与私心，他们以此命名，希望把"德意志奥地利"作为未来融入北部德意志共和国的一个跳板，同时也正式暴露出奥匈帝国解体后"奥地利"的认同问题。当时的协约国，尤其是法国，敏锐地捕捉到了奥地利人在这一命名背后可能有的意图和这一不利于法国的政治苗头，法国领导人牵头反对这一命名，协约国于 1919 年正式否决德意志与奥地利这种名称的合并，奥地利又正式改名为"奥地利共和国"（Republik Österreich）。1920 年，奥地利诞生第一部宪法。

第一次世界大战结束后，伴随着中欧各国混乱的政治局面，紧接着又爆发了一场几乎席卷整个欧洲的毁灭性的经济、社会和医疗危机，奥地利的情况尤为严重。随着 1918—1919 年西班牙流感在欧洲的肆虐，不少地区居民陷入疾病与饥饿恐慌。"二战"后经济的困乏，让奥地利背负沉重的财政压力。1924 年秋天，奥地利的通货膨胀率达到最高值。1929 年，世界经济危机同样席卷了奥地利，奥地利面临棘手的经济和社会危机。除此之外，这一时期的奥地利内部存在严重的政治分裂倾向：国家分裂成三大政治集团——社会主义者、自由主义者以及民族主义者，其中德意志民族主义者不断壮大其力

[①]　第五阶段终于 1934 年，第六阶段始于 1945 年。之所以没有单列 1934—1945 年这段时期，是因为本书对奥地利几个历史时期的划分基于奥地利的国旗和国徽，或者说基于一种正式得到认可的国家身份。

量,成为一支前哨势力。①

1933 年,奥地利人希特勒在德国上台。不久,奥地利的纳粹党获得国家执政权,并将奥地利从共和国改名为"奥地利联邦国"(Bundesstaat Österreich)(1934—1938)。所以从严格意义上说,奥地利第一共和国至 1934 年就不存在了。1938 年,身为德意志帝国总理的希特勒进军并下令采用合并(Anschluss)的方式,将奥地利与德国组成"大德意志"(1938—1945),奥地利正式失去主权,直至第二次世界大战结束。这段历史在"二战"后被定性为纳粹德国对奥地利的吞并与侵略。对于这段历史,奥地利人几乎不愿过多提及。自从其帝国特性在 1918 年被剥去后,奥地利无论在政治、经济还是民族认同上都面临着严重的认同危机,一些学者称这一时期的奥地利为"失根的国家"。②

第六阶段:奥地利第二共和国(1945—)

德奥合并这一阶段随着德国军队的溃败和第三帝国的消亡而结束。第二次世界大战结束后,奥地利再次以战败国的身份面临国际军事法庭的审判。不久,盟军入驻奥地利,奥地利被苏联、美国、英国和法国分区管制。同时,奥地利境内社会民主党(SPÖ)、人民党(ÖVP)以及共产党(KPÖ)三大党派经过协商达成一致,接管地方行政机构,成立奥地利临时政府。临时政府得到 4 个盟国认可后,于 1945 年 12 月正式宣布成立共和

---

① [美]史蒂芬·贝莱尔著,黄艳红译:《奥地利史》,中国大百科全书出版社 2009 年版,第 201 页。

② [美]史蒂芬·贝莱尔著,黄艳红译:《奥地利史》,中国大百科全书出版社 2009 年版,第 189 页。

国,并宣布以 1920 年颁布的宪法精神来规划共和国事宜,至此奥地利正式改名为奥地利第二共和国(Republik Österreich)。"二战"后初期奥地利尽管受盟国分区而治,失去了一定主权,但整体而言,并没为其在"二战"中的罪行承担太多责任与惩罚,因为盟国将奥地利视为受纳粹第三帝国入侵的受害国,"二战"后,奥地利是摆脱纳粹统治的"被解放的"国家。这一身份带给奥地利巨大好处,因为战后奥地利几乎无须对 1945 年之前诸如迫害犹太人等相关"德国的"行动承担罪责,也无须为战争支付经济赔偿;更为重要的是,奥地利不必像德国一样在历史长河中背负纳粹或战犯这一负面形象,为日后奥地利文化和旅游事业的繁荣奠定了积极的政治文化环境基础。正是在这一"好处"驱使下,战后奥地利人意识到与德国"撇清"关系的重要现实意义,奥地利领导人注重加强以"奥地利"这一国家及民族身份进行国家重建。而这一切也是西方盟国愿意看到的,因为短短几十年内的两次世界大战让欧洲各国疲惫不堪,而诱使奥地利人偏离德国才能更好地遏制北部德国对周围邻国的威胁。

　　从 1945 年 4 月奥地利成立临时政府起,奥地利的社会党(社会民主党于 1945 年改名为社会党,1991 年改回原名)和人民党成为奥地利领导集团核心。在 1945 年 11 月的大选中,人民党获得 50% 的选票,社会党得票率为 45%,两党于 12 月 20 日组成联合政府,人民党的利奥波德·菲格尔(Leopold Figl)担任第一届联邦总理,被后人称为"奥地利国父"的卡尔·伦纳①(Karl Renner)担任联邦总统。

―――――――――――――

　　①　卡尔·伦纳(1870—1950)来自奥地利社会民主党,维也纳大学法律专业毕业。曾经担任奥地利第一共和国总理(1918—1920)以及第二次世界大战结束后奥地利临时政府总统(1945),被称为"奥地利国父"。

1955 年，奥地利政府与 4 个盟国正式签署《奥地利国家条约》，奥地利答应成为"永久中立国"，4 国于 1955 年 10 月 26 日彻底撤走在奥驻军，奥地利正式取得国家独立。自 1965 年起，10 月 26 日正式成为奥地利国庆日。到 20 世纪 70 年代，奥地利已成为政治稳定、经济繁荣的楷模，是欧洲不少国家效仿的对象。奥地利第二共和国实现了第一共和国曾苦求而不得的经济繁荣和政治稳定，从战后的灰烬中涅槃崛起，目前已发展成为世界上稳定、繁荣的国家之一。

哈布斯堡王朝的昨日世界

奥地利著名作家斯蒂芬·茨威格在他的热销小说《昨日世界》里描绘了第一次世界大战前夕在哈布斯堡王朝最后统治下的首都维也纳的社会镜像。那是一个充斥自由主义、文化多元与封建专制的矛盾时代，小说描述了战争前夕的市井生活，包括聚集在咖啡馆里慵懒地打发时间的人群以及街道上行色匆匆的行人，但这一切似乎又凝聚着一种时代带来的不安与焦灼。

说到哈布斯堡王朝，后人对其褒贬不一，整体而言，哈布斯堡家族得到的负面评价相对更多。尤其是在 20 世纪两次世界大战结束后不久，有不少学者和社会人士认为哈布斯堡家族应该对其"漫长的残暴史"负责。① 这个统治了中欧 640 年的王朝似乎从 17 世纪起便和当时的时代精神背道而驰，家族在统治过程中逐渐缺失其原有的能量与热情，继而追求一种不乏狼狈的权力统治和表面和平。

在欧洲，有些人又称哈布斯堡家族为奥地利家族。该家族从 1278 年起开始了在奥地利 640 年（1278—1918）的统治，哈布斯堡王室也是欧洲历史上最强大、统治领域最广的王室，曾统治神圣罗马帝国、西班牙王国、奥地利大公国、奥地利帝国、

---

① ［英］卫克安著，李丹莉、韩微译：《哈布斯堡王朝：翱翔欧洲 700 年的双头鹰》，中信出版社 2017 年版，第 56 页。

奥匈帝国。然而这个亦称为奥地利家族的哈布斯堡家族,其实来自现在的欧洲国家瑞士北部的小城布鲁格。目前在整个欧洲境内,也只能在瑞士找到以"哈布斯堡"命名的地方——哈布斯堡村,那里依旧保存了哈布斯堡家族于 1020 年建的城堡——鹰堡。① 相传,哈布斯堡家族当年离开瑞士是由于当地农民起义和暴动。13 世纪,瑞士农民起义军积极争取民族独立,对抗哈布斯堡骑士军队,并取得了胜利,哈布斯堡家族被迫离开瑞士寻找新的土地和家园。

哈布斯堡家族在鲁道夫一世带领时期获得当时神圣罗马帝国皇帝腓特烈二世的大量土地封赏,并在神圣罗马帝国空位期大肆扩张领土,扩大势力范围。② 鲁道夫有着传奇人生,他的功勋填满了哈布斯堡家族史。鲁道夫于 1218 年出生,并幸运地被神圣罗马帝国皇帝腓特烈认作教子。他有着在人群中显眼的外表:身材瘦高,头发稀疏,头不大,但有着宽阔的肩膀和贵族常有的大鼻子。在年轻时代,鲁道夫就以"上进青年"的形象为朝臣所知。他善于摔跤和赛跑,精于马术,标枪投掷技术佳,拥有无穷的力量和活力,他的家族同样竭力宣传他是一个有谋略、善作战的勇士,同时有历史档案,里面强调了鲁道夫谦和、坦率而谨慎的为人。鲁道夫凭着显眼的外表和优秀的社交形象被朝臣接受,也一步一步地接收了家族和敌人的领地。鲁道夫的人生的更大转折还在神圣罗马帝国皇帝腓特烈二世去世之后。皇帝的去世一度令神圣罗马帝国陷入混乱,帝国亟须重新选举出一个皇帝。1273 年,幸运的鲁道夫被各诸侯最终选

---

① ［英］西蒙・温德尔著,于江霞译:《多瑙河畔:哈布斯堡的欧洲》,上海社会科学院出版社 2019 年版,第 19 页。

② ［英］西蒙・温德尔著,于江霞译:《多瑙河畔:哈布斯堡的欧洲》,上海社会科学院出版社 2019 年版,第 19—20 页。

举为帝国皇帝,并在不久后的 1278 年,利用当时奥地利公国巴本堡家族在公爵绝嗣后正处于混乱不堪的不利局面的时机,继承了奥地利公国,正式开启哈布斯堡家族逐步统治中欧的第一步。哈布斯堡家族后代也因此给鲁道夫起了一个闪亮的称号——奥地利皇室的伟大缔造者。自此以后,哈布斯堡家族统治欧洲的政治野心就再也没有停止过。

对于哈布斯堡家族来说,奥地利领地的获取是其崛起的一个重要步骤。除了不断扩大其在周边地区的领地范围,加强以奥地利为中心的权力基地建设外,家族继承人也不甘于只做个公国的公爵。在鲁道夫一世后,家族成员萌生了霸占皇帝席位的念头。只是当时神圣罗马帝国皇帝并非按照世袭继承,而是要求从所定的七大选侯中推选,而彼时哈布斯堡家族的地位和影响力有限,并不在选侯之中。为扩大家族影响力并获得选帝权,哈布斯堡家族又出现了一个人物——鲁道夫四世。鲁道夫四世是 1348 年登基成为神圣罗马帝国皇帝的查理四世的女婿。出于强大的政治野心,他伪造了一份帝国"大特权"文件,强调奥地利在帝国中的独特地位,将家族的"神选"地位以文件形式加以确认,要求"公众对家族独特地位永久承认"。此外,"大特权"还授予奥地利公爵"大公"头衔。鲁道夫四世希望通过这些文件,奠定哈布斯堡家族从政治到血统的"神圣"性,以获得继承神圣罗马帝国皇帝的合法性。但是,皇帝查理四世质疑文件真实性,并没有认可这些文件。但对哈布斯堡家族而言,这些没能被认可的文件和迟迟未能实现的选帝权计划,反而让哈布斯堡家族成员及其后代有了更明确的奋斗目标——完成内部长子世袭制。鲁道夫四世的这份野心和阴谋直到 1 个世纪后才得以实现。1438 年,迎娶了神圣罗马帝国皇帝查理四世的孙女为妻的哈布斯堡家族的阿尔布雷希特二世,因裙带关系最终被选为罗马人民的国王(但未加冕为神圣罗马帝国皇帝)。① 1452 年,奥地利大公腓特烈五世加冕为神圣罗马帝国皇帝腓特烈三世。他是哈布斯堡家族第四位德意志国王和第一位加冕的神圣罗马帝国皇帝,也是最后一位在罗马由教皇加冕的神圣罗马帝国皇帝。这位来自哈布斯堡家族的皇帝承认"大特权"是有效的,于是伪造的文件得以变成"事实"。自此之后,帝国皇位的选侯制几乎变成家族的世袭制,哈布斯堡家族在帝国的统治地位真正得以巩固。不少资料显示,身为帝国皇帝的腓特烈三世对帝国事务操持有限,更专注于收回、扩大、统一奥地利哈布斯堡家族的"世袭土地"。同时,他的另一个伟大政绩便是安排儿子马克西米利安和勃艮第的查理唯一的女儿玛丽亚结亲。受益于政治联姻,哈布斯堡家族不久便占据了勃艮第。在玛丽亚去世后,马克西米利安为争夺勃艮第的遗产与法国人进行了长达数年的斗争,并于 1493 年夺回相当大一部分产业。得益于政治联姻,腓特烈三世留给家族子孙奥地利和勃艮第两份家业。1486 年,马克西米利安成为德意志国王。他自己就是政治联姻的既得利益者,并且在一生中给子孙缔结了数桩对家族发展极为有利的婚姻联盟。包括协助其孙子卡尔,也就是之后的罗马帝国皇帝查理五世取得西班牙殖民帝国的王位,让其成为欧洲的盟主以及领土遍及亚、非、欧的"日不落帝国"的皇帝。至此,哈布斯堡家族正式迎来鼎盛时期。

　　但跟任何一个王朝一样,有鼎盛时期,也就有衰败之时。16 世纪初,马丁·路德在德国发起了宗教改革,这场宗教改革引起了民众的宗教冲突,引发了骑士暴动和农民战争,更引爆

---

① Vocelka, Karl. *Geschichte Österreichs. Kultur-Gesellschaft-Politik*. München: Heyne Verlag, 2009, p. 73.

了隐藏在庞大帝国中的复杂的民族矛盾、阶级矛盾以及宗教冲突和社会文化冲突。其中，宗教改革引发的 30 年战争是对哈布斯堡统治时代的一个历史重创。[①] 这之后一直到 1918 年王朝终结为止，哈布斯堡王朝一直面临内外各种矛盾与冲突。

回头看历史，哈布斯堡王朝的旧制统治已经与 19 世纪末 20 世纪初欧洲的民主、自由思潮格格不入，哈布斯堡的消亡似乎在情理之中。但作为在中欧统治了 640 年的家族，作为欧洲历史上统治时间最长且统治领域最广的王室，它对欧洲政治文化和历史影响深远。特别是当下，欧洲一体化进程在继续前进，我们在观察和研究欧洲国家时，再次反观哈布斯堡王朝缘何能在欧洲实现较长一段时间内的"长治久安"则显得很有意义。

首先，哈布斯堡王朝的形成与当时形成的统一的基督教[②]宗教信仰有着直接关系。那时的欧洲人将基督教作为共同信仰，并视自己为神圣罗马帝国的子民。基督教共同信仰及为神圣罗马帝国的子民这一观念与认同将欧洲人凝聚在一起，让当时的欧洲人在所谓诸侯将相及国家层面之上有着较为统一的身份认同。同时，哈布斯堡王朝的历任皇帝利用神圣罗马帝国的余晖，坚持政教统一的统治方式，并努力将"统一欧洲"作为自己的大业，这是哈布斯堡王朝在神圣罗马帝国之后能统治欧洲那么长时间的重要原因之一。

---

①　Bönner, Andreas. *Die Religionspolitik der Habsburger Kaiser in der Zeit des Dreißigjährigen Krieges*. München: Grin Verlag, 2012, p. 29.

②　此处基督教是基督教所有各派的总称。11 世纪中叶，发生东西教会大分裂，形成以君士坦丁堡为中心的东正教和以罗马为中心的天主教。

其次,哈布斯堡王朝的巩固和壮大受益于它缔结战争同盟与政治联姻并行的"外交"策略,其中政治联姻的作用甚至完全超过武力战争。哈布斯堡家族在 1278 年入驻奥地利公国后,将奥地利变成大公国,并利用联姻和继承权,将属地从奥地利家族领地扩大到西班牙领域,形成哈布斯堡家族最重要的两个家族地区。之后,马克西米利安分别于 1477 年和 1515 年通过婚姻和继承权逐步获得荷兰、匈牙利以及波希米亚等地,同时也逐步巩固了其有权参与罗马帝国皇帝选举的地位。奥地利王子与西班牙公主联姻,他们的孩子查理在 1519 年成为罗马帝国皇帝,自此哈布斯堡家族成为囊括伊比利亚半岛及中东欧大片领地的庞大帝国,哈布斯堡王朝迎来最辉煌的时期。

但是,哈布斯堡王朝统一欧洲的梦想还是没有实现,甚至在王朝的后 200 年,王朝"大一统"的野心时常遭受现实打击,"内忧外患"是帝国后期时常面临的局面。总结来看,至少有以下 3 个方面因素,是最终导致哈布斯堡家族走向灭亡的原因:①宗教改革及之后的宗教冲突。起源于德国的马丁·路德宗教改革的影响波及整个欧洲大陆,新教对传统的天主教产生巨大冲击。哈布斯堡家族坚持笃信天主教,并在帝国内规定民众只能信仰天主教,施酷刑严惩新教狂热分子,导致境内宗教冲突日益加剧。① ②欧洲人在 17—18 世纪受启蒙思潮影响,民族和国家意识被唤起;到 19 世纪,民主、平等和自由的思潮已逐渐成为时代主旋律,欧洲人这些思想意识的发展与哈布斯堡王朝的统治是相违背的,因此哈布斯堡王朝不得不面对更多的暴乱和冲突,以及属国的独立运动,如意大利独立运动、法国大革

---

① Bönner, Andreas. *Die Religionspolitik der Habsburger Kaiser in der Zeit des Dreißigjährigen Krieges*. München: Grin Verlag, 2012, p. 79.

命、拿破仑称帝、普奥战争等。③王朝内部的多民族及多元文化冲突。多民族、跨边境的统治是哈布斯堡王朝的一个特点，但同时也早已埋下不少隐患。随着民族意识不断被唤起，境内不同民族之间的冲突和矛盾不断上升，社会上也出现了不同民族相处的文化融合问题。而且在该时期，帝国政府和社会已经暴露出不少迫害犹太人、斯洛伐克及克罗地亚等地少数民族群体的现象。尽管王朝于1867年改制为奥匈二元帝国，在一定程度上改善了境况，但这一切都没能真正阻拦时代前进的步伐。在19世纪下半叶，发生了多起皇室成员遭革命人士暗杀事件。先是帝国皇帝的二弟奥地利大公兼墨西哥皇帝马西米连诺被墨西哥革命党枪毙，后是帝国皇帝的妻子伊丽莎白（也就是下面会讲到的"茜茜公主"）被一个意大利无政府主义者刺杀，以及20世纪初引发第一次世界大战的"萨拉热窝事件"——帝国皇帝的侄子费迪南大公遇刺。这一切，也许恰巧反映了王朝和时代精神的冲突，灭亡是历史发展的必然。

1918年，第一次世界大战结束，奥匈帝国解体，哈布斯堡家族正式走向灭亡。

帝国皇后茜茜公主的双重人生

茜茜公主是一个闻名于欧洲的人物,曾被誉为世界上最美的皇后,在欧洲有各种关于她的传说。我们国内对茜茜公主的了解大多源自 1988 年译介进来的电影《茜茜公主》三部曲。这部电影于 1955 年在德、奥上映,编剧和导演均为奥地利剧作家恩斯特·马里施卡(Ernst Marischka),奥地利知名女演员罗密·施耐德(Romy Schneider)和知名男演员卡尔海因茨·伯姆(Karlheinz Böhm)分别饰演了活泼可爱的茜茜公主和年轻帅气的奥地利皇帝弗兰茨·约瑟夫。电影一经上映,就收获了大量的粉丝,很快享誉全球,也是历史上成功的德语电影之一。电影通过浪漫笔调诠释了来自巴伐利亚州的茜茜与奥地利皇帝弗兰茨·约瑟夫从相识到结婚的浪漫爱情故事:1853 年,花季少女茜茜陪姐姐海伦与奥地利皇帝弗兰茨·约瑟夫"相亲",年轻英俊的皇帝没有看上虔诚、贤惠的海伦,而对活泼、善良、真实却不乏"冒失"的茜茜一见倾心,不顾其母索菲大公的反对,执意要娶茜茜为皇后。1854 年 4 月 24 日,年仅 16 岁的茜茜成为奥地利皇后。电影中曼妙的爱情与皇室故事完美融合,诠释了一个美丽的追求真爱的皇室童话,符合观众的浪漫期待,也让这部电影成为经典。伴随着《茜茜公主》系列在全球的热映,茜茜公主这个人物以及奥地利皇室这一爱情童话广为流传,甚至扮演茜茜公主的演员罗密·施耐德也成为无数人心中的女神。从 20 世纪 50 年代至今,不少德国和奥地利家庭依旧保留了在圣诞节期间举家共赏这部经典电影的习惯。

电影以美好的迎娶故事为终点，但茜茜公主的真实的婚姻故事以及所面临的皇室生活以婚礼为起点，才真正开始。

茜茜真名为伊丽莎白·阿玛莉娅·欧根妮(Elizabeth Amalie Eugenie)，1837 年 12 月 24 日出生于巴伐利亚(现德国慕尼黑市)的一个贵族公爵家庭，父亲是巴伐利亚的马克西米利安·约瑟夫公爵，母亲是巴伐利亚国王马克西米利安一世的女儿，即路德维希一世同父异母的妹妹玛丽亚·卢多维卡·威廉明妮公主。伊丽莎白是家中第四个孩子，家人和朋友称呼她为"茜茜"(Sissi)。据传，茜茜的父亲马克西米利安是一个崇尚自然、古怪且不谙世事的公爵，他们一家离群索居，安家在远离宫廷礼仪束缚的波森霍芬城堡。茜茜以及她的兄弟姐妹在远离世事纷扰的乡村快乐地长大。茜茜在孩提时代不太热衷于闭门读书，而是向往自然、无拘束的生活，尤其喜爱骑马、画画和写诗。有一些历史学家指出，童年时的茜茜并不像电影《茜茜公主》中所描绘的那般天真烂漫，她在日常生活中表露出的忧郁、多愁善感的特质，与她日后在皇室生活的困顿与愁苦不无关联，而且这种性格伴随了她一生。而当时的奥地利皇帝是弗兰茨·约瑟夫。弗兰茨于 1830 年 8 月 18 日出生，是神圣罗马帝国末代皇帝弗兰茨二世的孙子，父亲为弗兰茨·卡尔大公，母亲是巴伐利亚国王马克西米利安一世的女儿索菲公主。由于弗兰茨的伯父即奥地利帝国皇帝费迪南一世无子嗣，他被立为皇储。在其伯父因精神问题下诏禅让后，年仅 18 岁的弗兰茨在母亲索菲大公的筹划支持下于 1848 年登上奥

地利皇帝宝座。① 弗兰茨与茜茜的初次相识发生在弗兰茨登基
5 年后,此时弗兰茨 23 岁,茜茜仅 16 岁。

　　茜茜和奥地利皇帝弗兰茨的相识过程基本与电影展示的
情节相符。弗兰茨与茜茜其实是表兄妹关系,弗兰茨的母亲与
茜茜的母亲均是来自巴伐利亚的公主,是亲姐妹。登基时弗兰
茨还很年轻,其强势的母亲索菲大公是一个有野心、有谋略的
女人,是保守派的维护者,干练、果断,手腕强硬,被一些历史学
家称为"哈布斯堡的男人"。18 岁的弗兰茨刚登上帝位时,对母
亲也是言听计从,索菲掌管了儿子不少事情,其中包括儿子的
婚事。由于哈布斯堡王朝有传统政治联姻习惯,索菲本想让弗
兰茨迎娶来自"劲敌"普鲁士王室的公主,但是在经过诸多考量
后,索菲不得不放弃普鲁士公主,退到自己媳妇的第二人
选——她妹妹玛丽亚·卢多维卡·威廉明妮公主的长女海伦,
也就是茜茜的姐姐。尽管弗兰茨与海伦两人从未见面,但独
断专横的索菲似乎已经将这门亲事看作板上钉钉的事。在举
办弗兰茨 23 岁生日庆典之时,索菲正式邀请妹妹卢多维卡一
家来上奥地利州巴德伊舍的旅游胜地游玩,同时也是为了正式
安排自己所选的"准媳妇"与弗兰茨相识,并接受皇帝的正式求
婚。可惜事情并未按照索菲所计划的那样发展。海伦是个虔
诚、稳重的姑娘,她在和弗兰茨相处的过程中并不感觉自在,同
样弗兰茨似乎对她也没有产生爱情的火花。而弗兰茨在见到
海伦的妹妹茜茜后,便很快爱上了她,不顾母亲反对,执意要求
迎娶茜茜。尽管索菲从未将这个"年少又鲁莽"的茜茜视作媳

---

　　① 弗兰茨母亲索菲大公是一个精明强势的女人。正是在她与费迪
南皇后的劝说下,费迪南一世在 1848 年革命爆发后退位。继而弗兰茨的
父亲弗兰茨·卡尔继承皇位。但是卡尔大公缺乏野心,在妻子索菲的劝
说下放弃皇位,并将皇位传给自己年仅 18 岁的儿子弗兰茨·约瑟夫。

妇人选,但是在弗兰茨的坚持下只能妥协接受这门婚事。在弗兰茨与茜茜初次见面5天后,两人正式订婚,并于1854年4月24日在维也纳奥古斯丁大教堂正式完婚。相传,这场婚礼盛大而隆重,庆典足足持续了3天。皇室也赠予茜茜家人丰厚的礼金,作为聘礼。此外,为表达对茜茜的倾心,弗兰茨将维也纳霍夫堡皇宫中的一处行宫改建为E字形(伊丽莎白名字首字母),作为结婚礼物送给茜茜。婚礼结束后,茜茜正式成为奥地利皇后,进入哈布斯堡皇宫生活。

只可惜,婚后的皇室生活未能延续电影中的浪漫爱情童话。

婚后的茜茜并未能真正适应其作为皇后在哈布斯堡宫廷的生活。宫廷内种种苛刻的繁文缛节对年轻又热爱自由的茜茜来说是一个巨大的挑战,加之她生性害羞内向,童年无拘无束的生活经历加大了她适应繁杂的宫廷生活的难度。之后发生的婆媳矛盾、子嗣离世让茜茜萌生对宫廷生活的厌恶感,也让这段皇室童话蒙上浓重的阴影。强势的婆婆——索菲大公从一开始就不满意茜茜这个儿媳,而茜茜在入宫后表现出的对宫内各种规矩的抗拒,加剧了这位婆婆对媳妇的不满。在茜茜产下第一个女儿之后,索菲大公更是以"茜茜是个年轻愚蠢的母亲"为理由,强行夺走了孩子的抚养权,并在未经茜茜同意的前提下,以自己的"索菲"这一名字给新生儿命名。这也导致了婆媳紧张关系的升级,同时加剧了茜茜与弗兰茨的婚姻摩擦。一年后,茜茜再次为皇室产下一个女儿。强势的婆婆索菲再次将孩子从茜茜身边带走。此外,索菲大公还公然指责茜茜对丈夫在政治上的干预。① 似乎在不允许后宫干预政治这一点上，中西方的帝国文化是一致的。1857 年，茜茜与丈夫弗兰茨首次访问匈牙利。为了表示对皇室生活和婆婆的反抗，茜茜不顾医生阻拦，坚持在匈牙利之行中带上两个女儿。茜茜在匈牙利受到了当地人民的欢迎，她也喜欢这片土地上热情的老百姓，觉得他们非常有亲和力，甚至开始学习匈牙利语。这给两个地区在国事层面的交往带来了积极影响，甚至可以说为后续奥匈帝国的合并种下了友好的种子。但是，这场旅行对皇室，尤其对茜茜又是一场悲剧，因为在此期间，两个女儿均患上了腹泻，两岁的长女没能恢复，最终去世。这个事件对茜茜造成了巨大打击，长期的苦闷加之女儿离世，使她陷入一阵阵的忧郁，不久后患上了萦绕她一辈子的精神疾病——抑郁症。此外，弗兰茨多少认为长女不幸离世与茜茜执意要带女儿前往匈牙利有着直接关系，对茜茜的任性不乏谴责之意，该事件也让两人的婚姻产生永久性裂痕。同年 12 月，茜茜第三次怀孕，并于 1858 年 8 月为帝国诞下一名男婴，取名鲁道夫。随着继承人的到来，茜茜在宫廷中的地位有所上升，但是她依旧被剥夺了养育儿子和教育孩子的权利。她的反抗在庞大的宫廷规矩下显得力不从心，不久茜茜的健康状况急剧恶化。1860 年，茜茜患上呼吸系统疾病，有传言称其感染了肺结核。在医生的建议下，她离开维也纳行宫，前往科孚岛、基辛根等地进行疗养。而这一走便是两年，其间她也曾回到巴伐利亚和自己家人度过一段时光。这段时光，让这对皇室夫妇日益习惯夫妻分离的生活，各自在生活中找到重心。在维也纳的行宫内，不乏有关皇帝弗兰茨和

① 这里主要指茜茜和丈夫弗兰茨一起前往意大利时，茜茜说服弗兰茨对政治犯心怀怜悯。

一名女演员私通的谣言。1862 年 8 月,茜茜在弗兰茨生日前夕回到了维也纳,但是离开宫廷近两年的茜茜更加确信自己对无聊沉闷的宫廷生活非常厌倦,并在这之后经常以健康状况为借口逃避宫廷生活,前往外地疗养旅游。在周围的国家中,茜茜尤其喜欢匈牙利。面对相对弱小的匈牙利,茜茜没有如弗兰茨母亲索菲大公一般居高临下,相反,茜茜欣赏当地的风情、音乐、骑士。更为人津津乐道的是,茜茜对匈牙利将领安德拉西伯爵倍加赞赏,也许正是因为两人都有热爱自由、不愿受束缚、叛逆的一面,甚至也有传闻指出两人一度交往甚密。无论如何,匈牙利似乎带给茜茜那如沙漠般无聊的宫廷生活一片绿洲,令其在繁杂的事务之间得到心理慰藉。而且,冥冥之中,茜茜似乎对即将到来的奥匈合并起到积极作用,因为茜茜作为周旋于奥地利皇帝和匈牙利领袖之间的重要人物,在促进两个领导的彼此信任和了解上起到了关键作用。在 1867 年奥匈帝国成立后的第二年,茜茜第四次怀孕,并生下了女儿玛丽。由于玛丽出生在弗兰茨加冕后的布达佩斯,因此她常被称为"匈牙利的孩子"。在所生的 4 个孩子中,茜茜唯独对玛丽拥有亲自抚养的权利,因为一方面小女儿出生在布达佩斯,远离由婆婆索菲所掌控的维也纳宫廷,另一方面婆婆索菲随着年岁增长对茜茜的牵制及对宫廷的影响逐渐削弱。由于对茜茜而言几乎是第一次能够亲自带孩子,她似乎把被压抑已久的母爱都倾注在了小女儿玛丽身上。1872 年,婆婆索菲在维也纳去世。似乎,茜茜执掌后宫的时代即将来临。然而,茜茜并没有留在维也纳的宫廷内享受少了婆婆管束的宫廷生活,也没对宫廷施加自身影响,相反,她选择离开宫廷四处旅游。关于茜茜缘何选择继续逃离宫廷生活,其理由众说纷纭,包括她愈发严重的抑郁症及对宫廷生活的厌恶,也有关于破裂的皇室夫妻关系等消息,甚至有茜茜住进维也纳宫廷便会出现各种身体疾病等传言。而外出旅游似乎真的带给茜茜一种新生的力量。从后世看,"出走宫廷"让茜茜从宫廷的围墙中走向了大众,扩大了茜茜作为帝国皇后在公众中的接受度和影响力。其间,不乏报纸报道茜茜的日常行踪、生活爱好等,甚至她的着装、发型都成为民众效仿学习的对象。但离开宫廷的她同样选择了与孩子分离,而这种分离的家人关系,是否给几个孩子带来诸多负面影响呢?答案是肯定的。1889 年,茜茜 4 个孩子中唯一的儿子自杀身亡,而自杀原因不详。有一种说法是,儿子鲁道夫遗传了母亲敏感多虑的性格,其性格弱点加之抑郁倾向让他选择了自杀。无论如何,国家唯一的继承人就这么离世了,这对弗兰茨是一个不小的打击。而对母亲茜茜而言,这更是一次灾难性事件,给她带来重创。历史学家认为,茜茜此后抑郁症更为严重,再也没能恢复。可以考证的是,茜茜自儿子离世后,有一些癖好与行为发生了变化。例如,1889 年底,茜茜把所有彩色服装和名贵珠宝饰品都送人了,自己只穿黑色衣服,保持这种"悲伤的圣母"形象直到其生命终结;同时,她热衷于收集已故之人的东西,喜欢阅读希腊神话故事人物阿喀琉斯的故事,更是将德国诗人海涅视为精神教父。奥地利音乐剧《伊丽莎白》中有一句民众骂茜茜的台词:"这个女人不喜欢歌德,不喜欢席勒,她迷恋海涅!"[1]海涅在当时不是主流的作家,不仅因为他的犹太人身份(德意志的反犹思潮在这一时期日益高涨),还因为海涅在诗歌中抨击君主制,讽刺专制贵族,而一位皇后恰恰喜欢这样一位诗人则显得更难被外人理解。此外,茜茜更醉心于旅

---

[1]　黄薇:《真实的茜茜公主:一位不情愿的皇后》,《国家人文历史》2015 年第 1 期,第 102—107 页。

行——其足迹遍及现今欧洲多个城市与国家,甚至还到过当时皇室很少去的国家如马耳他、土耳其和埃及。在儿子去世后,旅行似乎变成了她生活的唯一意义,也许这也是她逃避皇室生活和痛苦人生的一种方式。1898 年,60 岁的茜茜在瑞士日内瓦旅行,其下榻的酒店内部泄露了她就是奥地利皇后的消息。1898 年 9 月 10 日下午,就在茜茜快要上船之际,来自意大利的无政府主义者路易吉·卢切尼对其进行暗杀,茜茜不幸去世。在这场意外中,她留下了人生最后一句话"发生了什么事"后,便离开了这个世界。据说,在得知茜茜去世的消息后,弗兰茨曾自言自语:"她永远不会知道我是多么爱她。"茜茜被葬在维也纳嘉布乾会教堂的皇家墓穴内,这里也是几个世纪以来哈布斯堡家族成员的主要安葬地。

《茜茜公主》电影中的"茜茜"与这个做了哈布斯堡王朝 44年皇后的伊丽莎白也许正是他者视角与自我视角下迥然不同的双重人生。结合历史资料与电影画面,我们可以想象,茜茜的童年及成长环境符合当时的时代精神,她拒绝烦冗的宫廷礼仪,追求自由、民主,向往自然生活。但被奥地利皇帝弗兰茨看中后,茜茜"猝不及防"地成为哈布斯堡王朝的皇后,被动成为与时代精神背道而驰的家族一分子。一些研究者认为,这冲突与矛盾也许正是她婚后不幸生活的根源所在。① 而她悲剧性的离世同样与她的哈布斯堡皇后身份密切相关,这个无辜的个体只能带着那句疑问"发生了什么事"离开人世。华东师范大学历史系孟钟捷教授评价茜茜为一个时代的彷徨者,她作为一个追求"个体自由"的公主,与时代、国家、皇族、家庭这 4 层关系

---

① 孙路遥:《茜茜公主与哈布斯堡王朝》,《中国文物报》2017 年 6 月20 日,第 5 版。

交织而成的矛盾和冲突是她不幸的来源,或者说她所经历的幸运或不幸均构建在这四维框架之中。①

关于茜茜公主的故事之所以在民间流传甚广,除了她以"欧洲最美皇后"著称外,国内外相关专家普遍认为,还因为她的经历与行为符合19世纪末的时代精神——"自由""民主"与"平等"。她对自由的渴望与追逐,对皇室生活的反抗,对部分少数民族的友好与同情,都是被时代和大众认可的。而且,正是由于她对匈牙利民族的友好与支持,以及匈牙利人民对她的爱戴与认可,在某种程度上,她在奥地利帝国于1867年向奥匈帝国转型中起到了积极作用,甚至可以说避免了可能发生在奥地利和匈牙利之间的战争。2019年,英国著名小说家兼编剧艾米·詹金斯(Amy Jenkins)计划重新翻拍"奥地利的伊丽莎白女王"。在接受采访时,这位女性小说家赞叹了茜茜公主"贵族反叛者"的一面,并透露,将在编剧过程中融入更多女性视角,讲述身为女人的茜茜公主和她所处的那个时代的故事。

除了上述宏大的历史视角下茜茜的传奇生活外,茜茜还有日常生活中较为传奇的一面,并被后人津津乐道。跟许多现代女性一样,茜茜非常注重管理自己的外表与身材,在追求美这件事情上不遗余力。但整体而言,茜茜崇尚"自然美",这与当时宫廷和贵族们普遍追逐的"珠光宝气"形成反差,甚至从现在看,这种审美取向具有一定的先锋性。首先,茜茜对自然之美的追求体现在对自己身姿的管控上,尤其是对自己的头发和腰围。有着"欧洲最美皇后"之称的茜茜,身材修长苗条,有着挺拔的身姿。结婚生育后,她依旧严格地管控身材。为了控制自

---

① 孟钟捷:《"茜茜公主":一个彷徨者——文艺作品之外的伊丽莎白皇后》,《文汇报》2015年6月19日,第16版。

身腰围,她专门从巴黎定制坚固结实的皮质紧身塑身衣。为维持纤细的腰身,茜茜甚至在睡觉时都会将用苹果醋浸湿的布敷在腰部以上。除了对腰围有严格的管控外,茜茜还是个美发狂人。茜茜有一头漂亮的栗色长发,光亮、浓密。她对头发格外呵护。相传,她用白兰地和鸡蛋等做成护发精油,每次洗头都要用上这类昂贵的精油,并且需要花上几乎一整天时间才能完成洗头工序。同样,梳理头发也是茜茜日常起居的大工程,每天几乎需要耗费 3 小时。正如茜茜自己所感叹的:"我是我头发的奴隶。"她的经典发型曾风靡一时,我们今天能在同时代的油画中见到茜茜这种"通缉令发式",甚至在各个阶层的女性头顶上都能见到。其次,为了保持良好的身材与肤质,跟现代人进行相关健身锻炼一样,茜茜每天也要花好几个小时进行体育锻炼,内容除了骑马、散步外,还包括双杠、吊环、举重、击剑等,可以发现,练习强度非常之大。由于经常练习,茜茜具有高超的骑术。甚至有传言,茜茜到了晚年仍可以身着紧身晚礼服在单双杠器械上灵巧自由地摇摆。只是在那个时代,以奥地利皇后的身份进行单双杠之类的运动被视为不体面。据说,当时有媒体以茜茜这些故事为噱头进行报道传播,传统、威严的弗兰茨皇帝为了维护妻子的声誉甚至封杀过相关媒体。尽管在现在看来,茜茜在追求美的道路上不乏过激之处,但她打破当时那种习惯矫揉造作的贵妇生活,追求健康自然之美的行为具有一定先锋性,甚至她这种相较颇为平民化的追美之路,更好地赢得了民众的认可。相信茜茜并非刻意为之,但她不知不觉成了那个时代民众的时尚领袖,她的一些塑身方法、着装风格以及发饰,乃至她后来的出行线路、旅游爱好等逐渐成为各大报纸热衷报道的内容,也成为大众乐于效仿的对象。

　　茜茜的一生,折射出 19 世纪个体对自由、平等、自然的向往,也反映了贵族生活与时代精神的矛盾,以及人民大众与皇室贵族的冲突。无论是茜茜走出宫廷迈向大众生活的行为,还是大众对茜茜生活的追逐,在某种意义上,都反映了贵族与平民在日益靠近,代表一个新的时代正在到来。

　　后世为纪念茜茜,有不少地区和街道以她的名字命名。如果你想在旅行中寻找茜茜的足迹,可以留意以下几个地点:在奥地利维也纳的霍夫堡皇宫,你能找到茜茜博物馆,里面展出了不少茜茜在皇宫生活时的起居用品等;此外,在维也纳还有伊丽莎白小教堂、女王伊丽莎白医院,以及多处以她的名字命名的街道和小径,如伊丽莎白街道(位于维也纳 1 区,1862 年起正式以此为名)、伊丽莎白小径(位于维也纳 16 区,1875 年起以此为名)、伊丽莎白大道(位于维也纳 12 区和 13 区,1918 年重命名)。在德国慕尼黑,这个茜茜出生和成长的城市,至今保留有伊丽莎白街道和伊丽莎白广场。在匈牙利首都布达佩斯,有多处以她的名字命名的建筑,包括多瑙河的桥名——伊丽莎白桥、伊丽莎白广场等。

奥地利的彷徨时代：1918—1945

　　这是奥地利近现代历史上的一段彷徨期，也给国家和世界带来了二次灾难。

　　对于"彷徨"两字的解释，有人是这么描述的："路是远的，而前面又看不见路；依稀有路时，却看不见光。想挣扎着走出一条路来，却是遍体鳞伤，毫无结果。"用这段话描述奥地利"一战"后到"二战"结束的那几十年，似乎也很贴切。诚然，这是一段令奥地利国家和人民感到彷徨的岁月：统治了中欧 640 年的哈布斯堡王朝在一场战争后突然消失，其长久的帝国特性在 1918 年被正式剥夺，奥地利突然成为一个没有"过去"也无法预见"未来"的国家。"一战"后奥地利更名为奥地利第一共和国，但某种程度上似乎是一个有国家意志但无根基的国家，西方也有一些学者将奥地利这段历史称作"失根时代"。① "一战"后奥地利社会面临严重的思想和政治上的认同危机以及对未来发展的彷徨，即对自我究竟是"奥地利人"还是"德意志人"的身份认同危机，对国家未来发展方向的迷惘。

　　其间，最严重也最具危害性的现象就是民众对"奥地利人"身份认同的彷徨，而历史证明，1918—1945 年奥地利第一共和国所创建的"奥地利"认同是失败的。关于认同缺失，其实已体

---

　　① ［美］史蒂芬·贝莱尔著，黄艳红译：《奥地利史》，中国大百科全书出版社 2009 年版，第 189 页。

现在"一战"后给国家起名的问题上："一战"在 1918 年正式结束,停火后,中欧地区格局一片大乱。哈布斯堡君主国消失得无影无踪,从君主国内部主要产生了 3 个国家:匈牙利、捷克斯洛伐克以及当时的德意志奥地利共和国(德语 Republik Deutschösterreich)。其余的帝国领地被分授给欧洲其他国家。德意志奥地利共和国成立于 1918 年 11 月 12 日,是奥匈帝国解体后,原帝国议会中德意志族议会成员积极倡导建立的政权。直到 1919 年 9 月 21 日才改名为奥地利第一共和国。其实在 1918—1919 年间,大部分的"奥地利人"并不期待"一战"后成立独立奥地利共和国,他们把国家命名为"德意志奥地利"的原因是希望自己有朝一日能融入北边德意志共和国。1919年 3 月 12 日,国民议会甚至公开宣布"德意志奥地利是德意志共和国的一部分"。此举引起了当时"一战"协约国的注意,尤其引发了法国人的担忧,因为一个德奥合并的德意志将对周围邻国造成更大的威胁。法国很快对此表示彻底否决,并制止奥地利国民议会此项举动。否决的理由似乎也合情合理,因为奥地利北边的德意志共和国同样是负有罪责的战败国,而"一战"后一旦"德奥合并",德意志的国土范围与 1914 年相比非但不减,反而有扩大之势,这么一来,与其说是对战败国的惩罚,倒更像是一种"嘉奖"。因此,协约国否决了"德意志奥地利"与德国合并的意图,并要求其将名字从"德意志奥地利"改为"奥地利"。"奥地利第一共和国"这个名字也在 1919 年 9 月 21 日正式通过法律程序诞生。

　　然而,这种强行措施只是从表面上杜绝了奥地利与德国合并的可能性,并未能从根本上缓解这一时期奥地利本国人的民族和身份认同危机。而且协约国的严厉制止,加剧了一部分奥地利人对协约国"干涉"本国议会做法的不满,反而让其坚定了欲与北部同种族的德意志抱团的决心。这也很好地解释了为何 1938 年希特勒领导的纳粹德国能轻而易举地"攻下"奥地利并与其进行"德奥合并"（德语 Anschluss 或 Anschluss Österreichs），因为在整个时期，奥地利人民心中始终有强烈的德意志民族身份认同，并对北部的德意志共和国产生了较为强烈的民族共同体念头。而另一部分奥地利人因为寻找"德意志"的道路被拦截，故而走上寻找"哈布斯堡奥地利残留文化"之路，寻找"中世纪的奥地利"身份和中世纪的"巴本堡时代"，但事实上，巴本堡家族甚至是一个更为明显的"德意志"王朝。一部分政治集团，比如德意志民族主义阵营，甚至对创建所谓独立的奥地利身份这一问题持冷漠态度。整体而言，"一战"后初期奥地利社会中几乎没有哪个群体对新生的共和国的发展和未来抱有很大信心。

在 20 世纪二三十年代，这种政治和身份认同的缺失与对未来的迷惘事实上并不仅仅局限于奥地利，而是波及所有"一战"后分崩离析的中欧国家，而在刚成立的多民族国家中表现得尤为明显。在这种全面的政治危机下，在 20 年代又发生了波及全欧洲的经济、社会和医疗危机。1918—1919 年的西班牙流感造成大量人员伤亡，社会医疗体系受创，继而带来社会大萧条、经济窘迫，民众产生身体上的饥饿和心理上的怨恨。尽管在 20 世纪初，奥地利在文化和文学领域为全世界提供了大量有声望的作品，但同时，伴随着文化繁荣，各族群以及各利益集团之间的文化冲突不断加剧，其中"维也纳 1900"的"犹太"现代文化和奥地利社会的"高雅"或"保守"文化间的文化冲突呈现加剧的趋势。那个时期，奥地利涌现出了大批犹太文化名人，如心理学家弗洛伊德、作家霍夫曼斯塔尔及茨威格、语言哲学家维特根斯坦、马克思主义理论家阿德勒和埃里希、电影编剧兼导演比利·怀尔德等。但奥地利在 1900 年前后出现反犹主义倾向,尽管社会上涌现出大批犹太名人,但"犹太人"的身份一直未能得到奥地利人的认可,而且对犹太人的迫害在这一期间有加剧的趋势。尤其在 1938 年希特勒带领的纳粹德国"吞并"奥地利后,奥地利参与了大量迫害犹太人的行动,大批奥地利犹太名人逃离,流亡国外。

在 1938 年的"德奥合并"中,奥地利人几乎没有对德军进行任何反抗。1938 年 3 月 11 日,希特勒便起草"德奥合并"法案,奥地利在"法律上"已不复存在。据记载,1938 年 4 月 10 日,奥地利就"德奥重新统一"进行全民公决,支持"重新统一"的选票率竟高达 97.5%。这么高的选票率一方面反映了当时政府对选民投票或许施加了不少压力,另一方面反映了奥地利人民对纳粹德国的认可程度。在 20 世纪二三十年代,奥地利境内的泛德意志主义传统十分强烈,除了奥地利德意志民族主义者鼓吹"德奥合并"外,那些进步的自由主义者和社会主义者似乎对"德奥合并"也不乏认可。而奥地利天主教的主教们对纳粹占领的认可也恰好印证了奥地利屈从于现存权威的悠久传统,普通民众在面对国家发展何去何从之际似乎也愿意选择顺应这种"必然趋势"。

当然社会中也有个别反对纳粹德国的民众,他们被纳粹分子视为政治犯,或是被关押起来,或是被押送到位于德奥边境的巴伐利亚小镇达豪(Dachau)集中营处决。其中,受害最大的莫过于奥地利的犹太人。随着"德奥合并",奥地利社会中的反犹径变得"合理化"甚至"程序化"。纳粹政府对犹太资本家强行没收其房屋和资产;对犹太工薪阶层直接解雇,令其失业;将犹太儿童从所谓的"雅利安人"学校驱逐,犹太人不再有资格进入高等学校;等等。这种情势逼迫不少犹太人选择出逃,其中有不少人去了美洲大陆。但在出走奥地利前,那些希望流亡的犹太人还必须去移民局交出大多数财产。正是通过这些残忍手段,纳粹德国在清除犹太人的同时获取了大笔财产。据记载,仅从1938年3月到1939年11月,就有将近13万奥地利犹太人选择逃离。① 但在整个希特勒时代,奥地利境内仍有众多犹太人被关押甚至被屠杀。在1938年"德奥合并"前,首都维也纳生活着超过20万人的犹太族群,但到1945年战争结束,维也纳的犹太人仅剩5700人,在大屠杀中遇难的维也纳犹太人超过6.5万人。② 尽管在"二战"后,在对犹太人大屠杀的历史罪责问题上,国际上没有向奥地利进行严厉追责,因为这个时期,"奥地利"与德国合并成了"大德意志",因此弱化了"奥地利"作为国家的政治概念;但是不少历史学家指出,在制造犹太人大屠杀的死亡机器中,奥地利人占据了很多关键职位。

就经济发展而言,奥地利从纳粹德国受战争驱动的投资中收获不少利益,纳粹在一定程度上推动了奥地利经济和社会的现代化,促进了奥地利的国家基础设施建设。德国不少军事基础设施建在奥地利领土上。在希特勒的家乡林茨有不少大规模投资项目,包括戈林炼钢厂和氮制品化工厂。维也纳新城成为这一时期最大的飞机制造基地。在维也纳和萨尔茨堡之间修建有高速公路等。此外,纳粹德国对捷克斯洛伐克进行兼并,进而在东南欧经济中处于支配地位,这很好地带动了奥地利经济,确立了奥地利作为经济腹地的重要地位。不少奥地利人也因没收犹太财产大发横财。总之,"德奥合并"不久后,奥

---

① Trost, Ernst. *Das Tausendjährige Österreich*. Wien: Ibera Verlag, 2003, p. 137.

② [美]史蒂芬·贝莱尔著,黄艳红译:《奥地利史》,中国大百科全书出版社2009年版,第228页。

地利的失业问题几乎消失了。

当然，在军事方面，"德奥合并"后，奥地利成为德意志战争机器的一分子。德军在 1940 年及 1941 年接连在征服波兰和西欧的战争中获胜，至 1941 年，纳粹德国几乎控制了西欧和中欧。奥地利人充分分享德国人的胜利信念，因为"德意志的"军队中有很多奥地利人。但是，纳粹军队毕竟迎来了事情的转折。伴随着纳粹德国最后几年接连在战场上的溃败，奥地利也遭到盟国袭击并有大量奥地利人在战争中战死，这给奥地利带来了巨大损失。数据显示，在德国国防军中，阵亡的奥地利士兵总计 24.7 万人。其中，在 1943 年冬天的斯大林格勒战役中，德国第六军团中就有 5 万奥地利士兵，最终他们中间仅有1000 余人得以返回故土。因此，也有学者认为，斯大林格勒战役不仅是纳粹德国命运的转折点，也是奥地利民众认同的转折点。1940 年初曾经如此辉煌的纳粹军团到 1943 年似乎变得狼狈且苦涩，这一刻，奥地利人似乎开始懊悔他们的德意志民族认同，对北边的德国人产生怨恨，并重新发现了其作为奥地利人的身份认同。①

1944 年底至 1945 年，纳粹德国军队接连溃败。1945 年4 月 30 日，希特勒在柏林自杀；5 月 7 日，海军上将邓尼茨（Dönitz）授权签署德国无条件投降书。希特勒时代的终结，对奥地利境内当时所推崇的泛德意志身份认同产生了一定冲击。尽管奥地利境内有很大部分群体抱着誓死效忠德意志的心态顽固抵抗，但有不少民众伴随着盟军对奥地利的袭击与占领，对纳粹产生了怨恨情绪。不管怎样，此时的奥地利，似

---

① ［美］史蒂芬·贝莱尔著，黄艳红译：《奥地利史》，中国大百科全书出版社 2009 年版，第 235 页。

乎再次得到了一个选择身份的机会：他们是选择做德意志人共同承担战争罪责，还是尝试成为新的"非德意志"的奥地利人？

鉴于奥地利境内存在复杂的民族利益问题和不同利益集团，让奥地利人主动做出选择未必是件易事。好在盟国占领者已经有了一个方案。这里就要提一下当时盟国中的英国首相——卓越政治家丘吉尔。丘吉尔一直热衷于重建一个独立的奥地利国家，并支持"二战"后对德国和奥地利进行分开处置。因为有区别地分开处置将有助于削弱奥地利人对新德国的忠诚，减小德奥再次联合的可能。最终在 1945 年雅尔塔会议上，各盟国做出对奥地利进行"分区占领"的处罚。看上去，这项"分区占领"的处罚似乎将奥地利视为缩小版的德国来处置，但盟国的官方立场是将奥地利视为"战争受害者"，而且"把奥地利从德国的奴役下解放出来"。这么一来，从外观上看，奥地利的身份似乎从"德意志"中抽离了出来，奥地利在国家层面不用受到战争追责。而愿不愿意接受这一点，就看奥地利人民的意愿了。

历史证明，盟国这一方案奏效了。尽管在战争结束初期，仍有部分战争幸存人士不接受"德奥分家"，但大多数经历战争幸存下来的人为了免去国家和老百姓接受战争惩罚，更愿意接受和平现状，撇清与北部德意志的关系。"二战"后奥地利党派领导者及大部分老百姓选择接受盟军的要求，逐步与北方的德意志保持现有的差异性。而且，奥地利作为以天主教为主要教派的国家，其内部的天主教保守派人士更乐意独立于那个"新教"德意志共和国。特别是看到德国在"二战"后受到了严重的经济和政治制裁后，奥地利政府似乎更愿意接受盟军的"德奥分家"政策。

对部分奥地利人来说,希特勒时代的结束摧毁了他们再次成为德国人的可能性。"二战"之后奥地利人能从彷徨期和灾难中总结经验,获得更清晰的奥地利国家和身份认同吗?

"奥地利自由了"

　　"奥地利自由了"这句话是奥地利近代政治史上著名的话语之一。这句话并非出自战后奥地利老百姓之口。说这句话的时间也不在1945年,而是在1955年,离"二战"结束整整10年后。说这句话的人是当时奥地利的外交部部长利奥波德·菲格尔。菲格尔于1955年,在奥地利政府与"二战"中胜利的4个盟国——美国、英国、法国、苏联签订了《奥地利国家条约》后,激动地说了这句话。

　　这句话,道出了历经10年"占领时期"后奥地利人重获解放的喜悦。但纵观奥地利1918年以来的日子,这句话何尝不是一种奥地利人对历史变迁及自我认识的另一层感慨呢。

　　"二战"结束后,根据1945年7月4日的第1号管制协议,奥地利受制于4个盟国,并接受其分区占领和管制。苏联占领了奥地利东北部,并包围了奥地利首都维也纳;美国控制了奥地利北部包括萨尔茨堡和多瑙河以南的上奥地利地区;法国进驻奥地利西部的福拉尔贝格地区;英国从意大利北上进驻奥地利南部的克恩滕地区。因此,"二战"后奥地利虽然从纳粹统治中解放了,但从4国分区占领的地图上看,似乎只是个"有罪的"德国的缩小版。

　　据历史资料记载,4个占领区实施了差异化的治理。其中,美国史学家贝莱尔认为,"苏占区"在管理上较为严格,包括剥夺下奥地利油田、霸占当地机器设备并运往苏联等。其严厉的政策引起被占区人民的仇恨与不满。① 法占区和英占区则采取了相对柔和的治理策略，某种程度上为促进奥地利经济复苏提供了力所能及的帮助。最受当时奥地利人民认可的是美国人。美国的杜鲁门政府对"被解放的"奥地利实施了不少人道主义援助，尤其是 1947 年 6 月的"马歇尔计划"为奥地利经济的复苏和国家基础设施的重建提供了决定性的经济援助。资料显示，在"马歇尔计划"提出后的几年中，奥地利陆续从欧洲复兴计划中接受了大约 10 亿美元的援助，折合算来，奥地利人均获137 美元，而当时的西德人均仅为 19 美元。②

　　包括英、法、美在内的西方对奥地利施以援助的直接原因在于"二战"后不久形成的对峙的东西方阵营。以苏联为首的东方国家与包括美国在内的西方国家在"二战"后形成一种军事、经济、文化与制度上的对峙，而奥地利正好位居"东方"与"西方"的枢纽位置。为了更好地笼络人心，遏制苏联对奥地利东北部占领区的制度化影响，西方 3 国，尤其是美国，在其占领区内实施积极的经济援助。

　　奥地利领导人同样智慧地利用了冷战带来的有利局面。在西方占领区各州领导人的支持下，1945 年 12 月便在维也纳成立了联合政府，即奥地利第二共和国政府。这么一来，在四大占领国之前就有了一个奥地利人民联合阵线。这个新成立的政府积极促成奥地利人民在最大程度上拥有自治权，并通过1946 年 6 月的管制协议，让盟国理事会成为一个"监督机构"。按照规定，理事会对奥地利立法拥有否决权，不过这需要四大

---

　　① ［美］史蒂芬·贝莱尔著，黄艳红译：《奥地利史》，中国大百科全书出版社 2009 年版，第 224 页。

　　② ［美］史蒂芬·贝莱尔著，黄艳红译：《奥地利史》，中国大百科全书出版社 2009 年版，第 224 页。

国一致赞同。奥地利新政府通过立法,很好地限制了占领国对其地盘可能发生的资源抢夺与民事压迫。此外,奥地利国民政府形成的联合阵线不仅跨越 4 个占领区,而且包含社会主义者和保守派。代表社会主义者阵营的奥地利社会党和从奥地利基督教社会党发展而来的奥地利人民党成为"二战"后奥地利领导集团的核心。两党在 1945 年大选中获胜并于同年 12 月 20 日组成国民联合政府,其中人民党的利奥波德·菲格尔担任第一届联邦总理,来自社会党的卡尔·伦纳担任联邦总统。尽管包括伦纳在内的奥地利人曾经热情支持"德奥合并",但"二战"后,两党都坚定拒绝奥地利和德国在身份上存在任何相关性,坚持促成奥地利以独立身份重新登上历史舞台。两党在奥地利独立身份的构建以及促成奥地利摆脱盟国占领问题上秉持一致信念,并在之后的历史发展中形成一种长期的合作竞争关系。

在促成奥地利解放、摆脱盟国占领的道路上,奥地利政府耗时数年。早在 1947 年初,奥地利政府便开始劝说盟国解除占领状态。但是这条劝说之路整整持续了 8 年。当时最大的障碍在于战后不久东西方阵营冷战的对峙状态,加之 1948 年捷克斯洛伐克和柏林事变进一步加剧了英、法、美三国对奥地利可能发生政变的担忧。苏联方面同样不愿对此做出让步,担心地处东西欧核心位置的奥地利在解除占领状态后倒向西方阵营。僵局迟迟不能打破。直到 1953 年,事态出现转机。首先,这年新上任的奥地利总理尤利乌斯·拉布(Julius Raab)就谈判僵持的核心矛盾提出,奥地利将学习瑞士模式走不结盟的中立的外交路线,这一方案在很大程度上打消了英、法、美、苏占领国的顾虑;其次,1953 年斯大林去世,新上任的苏联领导人赫鲁晓夫力图改善东西方僵持的关系。奥地利政府正是利用这一绝妙的时机,说服 4 个占领国,尤其是一贯对此持反对意见的苏联政府,退出奥地利。奥地利总理拉布于 1953 年 4 月前往莫斯科,双方很快达成了均可接受的协议。① 其中,协议的核心便是奥地利必须承诺宣布自己作为中立国。达成了苏联方面的撤离协议后,西方阵营国家不久也均同意撤离。1955 年 5 月 15 日,奥地利和四大占领国的外长在贝尔维德宫正式签署了《奥地利国家条约》(全称为《重建独立和民主的奥地利国家条约》)。

直到 1955 年该条约签订,奥地利才正式成为真正意义上的独立国家。但同时,《奥地利国家条约》对奥地利的国际和国内政策依旧做了一定限制:在国际关系层面,要求奥地利永远不能像以前那样同德国缔结任何形式的政治和经济联盟,这也有助于让奥地利去除任何重归德国的残留愿望。而且,奥地利政府在《奥地利国家条约》附加的"莫斯科备忘录"中郑重声明,奥地利将自愿成为永久中立国,执行瑞士式永久中立国义务(这也很好地解释了为何奥地利直到 1995 年才正式加入欧共体,以及 2005 年才正式加入欧盟。而且奥地利加入上述组织的解释首先是加入一种经济贸易合作组织,而非政治组织)。在奥地利内政方面,《奥地利国家条约》要求政府尊重各族人民权利,尤其规定了境内克罗地亚民族和斯洛文尼亚民族的权利。此外,还规定国家必须解散一切国家社会主义和法西斯组织。

1955 年 7 月 27 日,《奥地利国家条约》经 4 个占领国批准生效,其承诺 90 天内完成撤军。1955 年 10 月 26 日,奥地利国

---

① 协议内容不少加注在《奥地利国家条约》附加的"莫斯科备忘录"中。

民议会如约通过关于奥地利实行永久中立的法律条文,摘录如下。

　　第一条:
　　(1)为对外持久地维护其独立和领土不受侵犯的目的,奥地利自愿宣布永久中立。奥地利将以自己拥有的一切手段维护和捍卫这一永久中立。
　　(2)为保证这些目的,奥地利将永远不参加军事联盟,不允许在自己领土上建立外国军事基地。①

　　10 月 26 日这一天,既是奥地利领土上首次没有外国军队驻扎的日子,又是奥地利正式成为中立国的好日子。1965 年,政府结合民众意向,从所给的 4 个日期中最终选择了 10 月 26 日作为奥地利国庆日②,以此来庆祝奥地利"二战"后获得独立。《奥地利国家条约》的签订使奥地利摆脱了被盟国占领的日子并实现了中立。尽管这个中立国免不了让人觉得有种被迫选择中立的味道,但它对摒除"二战"后残留在部分奥地利人心中的"回归德意志"的念头起到了积极作用。而且这个中立国身份,让奥地利获得了真正意义上的首次独立,在历史上翻开了崭新的一页。因此,当 1955 年奥地利外长说出"奥地利自由了"这句话时,这份激动与不易更叫人动容。
　　在迎来了政治上的自由后,奥地利政府积极寻求人民在精神层面和民族认同上的自由与独立,并在这一领域取得了卓有

---

　　①　冯中林:《奥地利》,上海辞书出版社 1988 年版,第 44 页。
　　②　当时所给的 4 个日期包括 11 月 12 日("一战"后奥地利第一共和国成立日)、4 月 27 日(1945 年由奥地利相关政党联合组建的临时政府成立日)、5 月 15 日(《奥地利国家条约》的签署日)以及最后的 10 月 26 日。

成效的改革成果。在 1945 年战争刚结束阶段，奥地利面临棘手的去德意志化、去纳粹化问题，身份认同在这一时期显得尤为复杂。首先，奥地利境内存在来自盟国的外国占领军，而且很多在"德奥合并"后到来的非奥地利德意志人以及"二战"后被俘的德国士兵都留在了奥地利，同时不少参与战争后被俘的奥地利人被遣返回奥。其次，奥地利还接纳了不少被从东南欧和中东欧赶出来的德意志人。这些来到奥地利的前纳粹士兵将会受到怎样的处置呢？奥地利人又是怎样看待这些人的呢？尽管奥地利政府有义务在盟国的监督下实行国家去纳粹化，但从结果来看，奥地利政府对前纳粹分子的惩罚措施较为柔和。据记载，1946 年，奥地利调查上报了 53.7 万名纳粹党员，在人民法庭建立后，起诉了 28148 件纳粹案件，定罪了 13607 件，其中被判处死刑的仅 43 件。[①] 而自 1947 年开始，奥地利政府的去纳粹化行动逐渐放松，有 90% 的纳粹党员均提出上诉。1947 年 2 月新的民族社会主义法通过后，这些纳粹党员被划分为"有牵连者"和"较少牵连者"两类，从数量上看，被定为"有牵连者"的数量仅为 4.2 万。之后在 1948 年政府宣布大赦"较少牵连者"，这么一来，大部分的前纳粹党员几乎都被赦免，大规模的去纳粹化行动实际上已经结束。而且，在 1955 年 4 个盟国退出奥地利后不久，人民法庭被取消，至 1957 年，政府颁布民族社会主义大赦法，一些被定性为"有牵连者"的成员也得到完全释放。从民众角度看，大部分奥地利人认为前纳粹分子是受害者，在他们的意识中，大多数纳粹分子或以追随者的姿态加入纳粹组织，或以顺从甚至服从的态度加入纳粹党，他们似乎

---

①　［美］史蒂芬·贝莱尔著，黄艳红译：《奥地利史》，中国大百科全书出版社 2009 年版，第 250 页。

是"被迫"享受纳粹党徒在战争顺势时期的利益。"二战"后奥地利被定性为德国纳粹的牺牲品,那么在公众意识中,奥地利纳粹分子同样是德国人的"受害者",应当减轻处罚。

奥地利人就是这样坚持以一种"受害者"的姿态重新接纳前纳粹党员为新奥地利人,依靠这种"受害者"身份摆脱自己在"德奥合并"后的黑暗过去,摆脱4个盟国的占领,同时也不断撇清自己与德意志的关系,寻找一种"新奥地利人"的身份。1955年后,奥地利政府为加紧构建"新奥地利"国家形象,加强奥地利人对奥地利以及自身的身份认同,在以下几个方面采取措施和手段。

首先,政府对奥地利共和国的国旗和国徽再次进行调整。政府废止了先前奥地利第一共和国带有双头鹰的国旗和国徽,而是回归奥地利人的"荣耀红白红"三色国旗。也就是说,现代奥地利的国旗设计与奥地利最初成为公国时的国旗几乎一样。在国徽选择上,用单头鹰取代了先前的双头鹰,并且新奥地利国徽上的"鹰"加上了"被挣脱的锁链",象征奥地利人挣脱纳粹德国统治,重获自由。此外,奥地利在新国徽中的"鹰"上还增加了奥地利的荣耀"红白红盾牌"。新国徽的设计理念与奥地利在1938—1945年被希特勒纳粹军占领的历史有直接关系,因为其间奥地利被德国"合并",奥地利国家概念不复存在,奥地利国徽、国旗被禁止使用,或者用比喻的手法说,奥地利国旗上的"鹰"无法在公共场合使用。

其次,注重经营友好无害的中立国形象,实行低调谨慎的外交政策。奥地利在冷战结束前,一直恪守中立,在积极从事和参与国际合作及对自身"外交小国"和"政治中立国"的定位中取得了很好的平衡,给奥地利带来多方面积极效应。奥地利于1955年12月14日加入联合国,1963年和1976年分别进入联合国经济和社会理事会,1973—1974 年被选入联合国安全理事会。1972 年,奥地利外长库尔特·瓦尔德海姆(Kurt Waldheim)当选为联合国秘书长。此外,奥地利还是联合国人权委员会及贸易和发展会议理事会成员。奥地利首都维也纳逐渐成为国际会议的常选地。

当然这一系列成就与 20 世纪六七十年代奥地利几位重要政治家也有一定关系,其中一个重要政治人物是来自社会民主党的布鲁诺·克莱斯基(Bruno Kreisky)。他是一位智慧出众的政治家,也是奥地利中立国的积极推动者。他在 20 世纪 60 年代担任了 7 年奥地利外长,并且于 1970—1983 年共担任奥地利 4 届总理。克莱斯基政府不仅在内政上取得卓越成果,帮助奥地利拉动经济增长,在外交政策方面也有显著政绩。克莱斯基坚持并积极推行的"小奥地利"和"奥地利中立国"形象,让奥地利不仅避免成为东西方冷战阵营交锋的战场,而且成为冷战期间欧洲受益较大的国家之一:因为中立国身份,奥地利可以在冷战期间更自由地承办更多的东西方社会文化活动;同时,国家通过承办活动进行国家文化营销,构建积极的国家形象,拉动社会经济发展。地处中欧核心位置的奥地利,一方面利用中立国身份,积极改善与东欧社会主义阵营国家的关系,尤其是与东欧邻国建立互惠互利的经济外交关系;另一方面,在与西欧的关系上,尽管当时奥地利迫于苏联压力,没能加入欧共体,但还是为自己赢得了自由贸易协定,在保持独立的同时顺利搭上欧共体的顺风车。到 20 世纪 80 年代中期,奥地利已经成为夹在东西方两大阵营之间的一个积极的、有经济活力的中立国。

但是,20 世纪 80 年代末 90 年代初东欧剧变,苏联解体,冷战结束,随着世界政治格局发生重大改变,奥地利政治和外交关系的风向也发生变化。苏联解体后,奥地利少了一股制约自己的力量。之后,奥地利愈发明显地有结束中立国态势,选择向西方阵营倾斜。1989 年 7 月 17 日,奥地利提出加入欧共体申请。1995 年,奥地利正式加入欧盟。1998 年,奥地利担任欧盟主席国,这被奥地利人看作奥地利"二战"后国际声望的第一次顶峰。从趋势上看,奥地利自 20 世纪 90 年代起,逐渐从一个低调的中立国朝一个更有影响力、更国际化、更开放的欧洲国家转型。①

最后,客观对待文化遗产,积极寻找奥地利自身文化。结合奥地利特殊的历史背景,文化对于奥地利的身份认同很重要,政府积极打造奥地利作为文化国家的形象,让民众在文化中找寻文化共识。1955 年 11 月,维也纳国家剧院重新开张,著名指挥家卡拉扬成为新奥地利文化的高级文化明星,萨尔茨堡艺术节被打造成具有国际影响力的文化盛典,奥地利政府正式开启音乐和文化外交。此外,逃亡在外的部分知识分子和文化人士回归奥地利家园,他们歌颂"二战"后奥地利的风土与人情,以增强民众对家园的热爱。奥地利的风土人情与自然景观开始通过不同平台进行宣扬,逐渐成为奥地利的一张名片。甚至在美国百老汇和好莱坞也逐渐出现宣传奥地利旅游形象的电影和节目。所以我们今天一说到奥地利就联想到的旅游国家形象,其实源自"二战"后那一时期政府的文化政策和文化人士的作品与创造。与自然文化比,奥地利人对待历史文化及文化遗产的态度,时至今日依旧保持谨慎与低调。其中很大一部分原因在于那些文化遗产比今日奥地利这个国家大多了。正

---

① [美]史蒂芬·贝莱尔著,黄艳红译:《奥地利史》,中国大百科全书出版社 2009 年版,第 283 页。

因为奥地利的历史是多民族、多种族的,所以在现代民族和国家之间,奥地利必须小心谨慎地对待历史,甚至有时会表现得不自在。多样化的身份特质、多种文化和差异的交会、复杂的历史背景,注定了奥地利人寻找新的身份认同需要一定时间,但奥地利人应该至少从历史中学到了经验,那些经验会带着他们朝更明智的方向前行。

中篇

奥地利的今生

将"一带一路"写入执政协议的总理库尔茨

作为中国—中东欧合作机制重要成员国之一的奥地利,重视与中国的双边关系。近年来,奥地利政要积极关注中国政府的对外政策,尤其关注中国"一带一路"倡议。其中,2021年刚卸任的奥地利前总理塞巴斯蒂安·库尔茨更是将"一带一路"写入了执政协议。本章通过梳理库尔茨总理特殊的政治生涯,管窥奥地利时下国内政治局势,分析在"一带一路"及中东欧"17+1"背景下奥地利与中国关系的发展前景。

塞巴斯蒂安·库尔茨是奥地利"一战"后第25任总理①,于2017年底首次出任奥地利总理,并于2021年10月9日正式宣布辞职。这名85后年轻帅气的政治家,有着特殊的政治生涯,上任短短数月,就成了欧洲政界知名人物。这不仅是因为他在31岁就成为奥地利"二战"后最年轻的总理,而且他创造了奥地利历史上遭议会弹劾被迫下台(发生于2019年5月,下文会继续阐述),但又靠选民选票再次当选奥地利总理的首个案例。一个31岁的年轻人能当选为总理,并且短短几年内因遭遇弹劾下台,而后再次当选为总理,这种经历在整个奥地利政坛,甚至在整个以保守著称的欧洲政坛都不多见。作为年轻的改革

---

① 奥地利实行联邦制和议会民主制下的总理负责制。联邦总理是联邦政府的首脑,每届国民议会产生后,都会选举联邦总理,再由总理负责组阁,形成新一届联邦政府。

派政治家,他政治履历中的另一个"之最"与中国密切相关。他是欧洲国家领导人中第一个将中国"一带一路"倡议写入执政协议的总理。自库尔茨领导的政府上台以来,中奥友好伙伴关系全面升级。库尔茨总理在任不到 3 年的时间已 2 次访问中国。2019 年 4 月 25 日—29 日,库尔茨受邀亲自参加在北京举办的第二届"一带一路"国际合作高峰论坛,并在访华期间专程前往浙江,与当时的浙江省委书记车俊和当时的浙江省省长、现任浙江省委书记袁家军会面。

　　库尔茨年纪轻轻就当上总理并非奥地利政坛的个别案例,也不全然归功于其突出的个人能力和才智,它侧面反映了奥地利乃至整个欧洲在近年来所呈现的政坛年轻化这一趋势。某种意义上,这一现象暴露了奥地利以及不少欧洲国家在政治和社会层面面临的共性问题。因此,以下将结合库尔茨个人的从政之路和政治经历,讨论奥地利乃至欧洲政坛和社会的一些新现象、新趋势。

　　库尔茨于 1986 年出生于奥地利首都维也纳,成长于维也纳西南部梅德林区(Meidling),这里居住的多为蓝领工作者,以及一些有移民背景的家庭。库尔茨数次公开表示,自己不是官二代,也非含金汤匙长大,母亲是教师,父亲是工程师,中学上的是公立学校,2005 年进入维也纳大学学习法律。对库尔兹而言,2003 年是其政治生涯中重要的一年。因为在这一年,17 岁的他加入了奥地利人民党青年部,5 年后成为维也纳人民党青年分支主席,1 年后又以 99%的得票率高票当选为奥地利人民党青年部主席,同时成为维也纳市议员。2011 年,年仅 25 岁的库尔茨出任奥地利政府新组建的移民融合事务部部长。2011—2013 年任内政部国务秘书。2013 年 12 月,27 岁的库尔茨开始担任奥地利外交部部长。2017 年 12 月 18 日,31 岁的他就任奥地利总理,成为当时全球最年轻的国家领导人,并很快成为欧洲政坛的名人。不过,不到 2 年时间,库尔茨经历了一次政治生涯的滑铁卢。2019 年 5 月,因右翼民粹主义政党自由党领导人兼国家副总理施特拉赫与俄罗斯富商"利益输送"视频遭曝光①,总理库尔茨受牵连,被国民议会罢免总理职务,成为"二战"后奥地利首位被国民议会以不信任议案方式罢免的总理。不过就在同年 9 月,奥地利再次举行全国大选。在历经这场奥地利"二战"后最大的政治风波后,库尔茨带领人民党再次以绝对优势成为议会第一大党(得票率达 37.5%)。在新一轮的政党组阁中,库尔茨领导的人民党选择与左翼政党绿党组阁成新政府,这也是人民党首次选择与左翼政党联合执政。库尔茨本人于 2020 年 1 月 7 日再次出任奥地利总理。上任不久,全球暴发新冠疫情。库尔茨总理因在抗疫中表现出色,深得民众信赖,支持率一度超过了 40%。

这位从家庭背景到受教育程度都并非异常突出的政坛"新星"究竟为何能成为人气爆棚的政治人物?甚至在 2017 年库尔茨第一次参加大选的时候,当地媒体就炒作过"库尔茨背后的政治力量"之类的小文章。诚然,他出彩的政治轨迹与他所领导的政党、背后的"智囊团"以及奥地利乃至欧洲政界的新趋势都有紧密关联。

从政党角度分析,奥地利属于多党制国家,而库尔茨所在的人民党自"二战"后以来多次成为奥地利政府执政党,具备较丰富的作为执政党的经验,并在民众中享有较高的认可度。奥地利的政党制度规定,只能从国内已注册的超过 700 余个党派中选出有持续影响力的少数政党进入议会,成为执政党或反对

---

① Ortner, M. "Ibiza-Affäre": Was bisher geschah. https://www. wienerzeitung. at/nachrichten/politik/oesterreich/2010133-Ibiza-Affaere- Was-bisher-geschah. html,2021-08-20.

党,选票最多的党派可推举出总理人选。但是规定选票数超过50％的政党才能单独执政;如果得票最高的党派还是未能达到50％,则可以通过选择联盟党,共同执政。由于在选举中很少出现一个党派获得超过50％选票数的现象,因此,在奥地利历史上绝大多数时候都是联合政府,即两党甚至多党共同执政。"二战"后,奥地利最具影响力的两个党派分别为奥地利社会民主党和库尔茨所在的奥地利人民党。"二战"结束后至2021年9月,共有8届奥地利总理出自社会民主党,9届总理出自人民党,上述两大党派共同组成大联合政府参与执政共计10次。此外,奥地利自由党和绿党的影响力也在不断加大,而奥地利共产党自1959年大选以后就不再占有议席。2020年,国民议会由表1中6个政党组成。2019年再次大选后的执政联盟为库尔茨总理所在的人民党和绿党。

表1 奥地利政府2020年国民议会党派成员及席次

党名	缩写	意识形态	国民议会席次
奥地利社会民主党 Sozialdemokratische Partei Österreichs	SPÖ	中间偏左 社会民主主义	57
奥地利人民党 Österreichische Volkspartei	ÖVP	中间偏右 基督教民主主义	51
奥地利自由党 Freiheitliche Partei Österreich	FPÖ	右翼民粹主义 民族保守主义	34
克恩滕自由党 Die Freiheitlichen in Kärnten	FPK	右翼民粹主义 民族保守主义	3
奥地利未来联盟 Bündnis Zukunft Österreich	BZÖ	中间偏右 保守自由主义	17
绿党 Die Grünen	GRÜNE	中间偏左 绿色政治	20

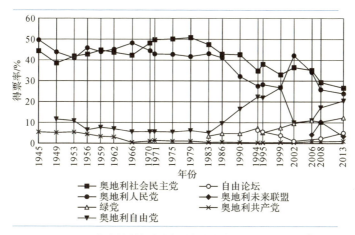

1945—2013 年奥地利各政党在联邦大选中得票率变化情况①

　　库尔茨所在的奥地利人民党是个怎样的政党？为什么它自"二战"结束至今拥有较稳定的选民并能持续发挥影响力呢？奥地利人民党成立于 1945 年奥地利"二战"后建国初期，属于中间偏右的保守主义政党。它以基督教教义为建党的思想基础，以支持保守主义及基督教民主主义为政治理念，在此基础上支持国家建设发展，并要求尊重奥地利传统文化，稳定社会秩序。在外交关系上，一贯支持欧洲一体化进程，支持国际多边主义。主要成员和选民是本国的天主教徒、农民和商人。人民党在"二战"后建国初期到 20 世纪 70 年代一直深受民众拥护，并一度垄断了总理一职，党内也出过有国际影响力的政治人物，如 1945 年当选为奥地利总理的利奥波德·菲格尔、1953 年当选为总理的尤利乌斯·拉布、2000 年当选为总理的沃尔夫

————————

　　① 郑春荣、范一杨：《欧洲右翼民粹政党的发展条件分析——以奥地利自由党为例》，《当代世界与社会主义》2017 年第 2 期，第 129—138 页。

冈·许塞尔(Wolfgang Schüssel)等。但是,随着社会的持续进步与发展,社会各阶级力量与社会主要矛盾及意识形态发生变化,人民党尽管依旧作为核心的政党之一,但其社会影响自 20世纪 70 年代后有所削弱。而社会民主党、自由党乃至绿党的社会影响力持续上升,并在执政形式中出现了不同的结盟形式。人民党影响削弱的原因包括:作为人民党核心支持者的农民及私营者人数不断减少;与欧洲大多数宗教政党一样,因信教人数的减少,其社会影响力也发生削弱①;再者,在之后时段中社会民主党不断出现有个人魅力且受选民喜爱程度较高的候选人,而人民党作为"传统"的政党很少出现以个人魅力取胜的候选人。也有媒体将人民党比喻为暮气沉沉的"老人党"。有鉴于此,人民党近几十年来不断进行内部改革,可以说,年轻帅气的库尔茨正是在人民党内部改革的风口浪尖上被选拔培养的政治新人。顺应人民党内部改革的趋势,库尔茨在大选前也对人民党进行了大刀阔斧的改革,包括将人民党的代表色由沉闷的黑色改为充满朝气的绿松石色,并在选举中用"新人民党"作为政党名称,强调了政党的创新。同时,库尔茨鼓励党员积极利用现代网络平台和社交资源,加强与民众的互动。据报道,他个人每天都会使用社交媒体,并跟多家媒体保持友好的关系。② 库尔茨的各种改革和大胆的做法颠覆了人民党因循守旧、僵硬刻板的形象,令民众耳目一新。在库尔茨的带领下,人民党吸引了更多年轻选民,也更好地适应了时代步伐,其支持

---

① 夏庆宇、张莉:《西方社会主要矛盾的变化与政党新陈代谢的关系——以奥地利、比利时为例》,《南阳理工学院学报》2021 年第 1 期,第 4—10 页。

② 刘晨:《奥地利总理库尔茨》,《国际研究参考》2018 年第 10 期,第 47—51 页。

率在大选前夕由 19％ 蹿升至 31.5％,最终以第一大党身份赢
得了 2017 年大选。而选民来自白领阶层、公职人员、小企业主
和农民等。从奥地利各联邦州情况看,选民相对集中在下奥地
利州(浙江的友好州)、上奥地利州、萨尔茨堡州、施蒂利亚州、
福拉尔贝格州等。

　　除了人民党强劲的政治根基和群众基础外,库尔茨出彩的
政治业绩与他拥有强大的"智囊团"分不开。作为年轻的政治
人物,不难想象,他背后肯定得到了重要政治家和谋略家的协
助。对此,奥地利本土一直有媒体热衷于推测他幕后可能的
"高参团"。据相关媒体报道,库尔茨重要的政治"参谋"包括奥
地利"二战"后第一任总理菲格尔的侄孙马库斯·菲格尔
(Markus Figl),他在维也纳人民党青年部提携了库尔茨,帮助
库尔茨快速得到政治提升。库尔茨的另一个重要政治顾问是
人民党前秘书长斯蒂芬·斯坦纳(Stefan Steiner),他在库尔茨
2011 年担任移民融合事务部部长时,协助库尔茨提出"通过业
绩实现融入"(Integration durch Leistung)的口号,并于 2015
年协助库尔茨实施强硬的难民政策。对库尔茨的政治生涯而
言,这项难民政策使得库尔茨获得了民众认可,为他之后的竞选
赢得了广泛的群众基础。库尔茨周围的"贵人"当然远不止于此,
也有媒体曾称其背后有一个大型参谋团。奥地利政府内阁还有
一个服务于现任政府的"奥地利智库"(Think Austria),智库专家
的身份非常多元,除了有来自政界的大人物外,还包括企业巨头、
研究人员以及艺术领域的专家学者等。但无论如何,我们可以猜
想这位总理是个"用人不疑,疑人不用"的政治家,正如他曾所说
"我一直希望我周围的人能在某方面让我钦佩"。库尔茨的成功,
也再次证明了"为政之要,惟在得人"。

　　但是,无论是政党基础也好,幕后智库也罢,真正能促使库

尔茨二度成为总理人选的核心因素,也许更在于其所在的人民党倡导的执政理念符合当下奥地利社会的意识形态,从而得到了选民的认可与支持。库尔茨领导下的这届奥地利政府以"重振奥地利国力"为宗旨,推崇实用主义,主张超越左右政治分野,积极推动国家改革,将重振经济作为新政府工作重点,积极改善企业融资环境,加大基础设施建设和研发投入。在处理难民危机方面,库尔茨抛弃欧洲政治家一贯坚持的"政治正确",明确表态反对接收难民,力推政府制定更为严格的移民、难民融入政策,明确要求移民、难民要为奥地利发展做出贡献而非成为拖累。在国际事务中,库尔茨领导的政府在奉行和平中立的原则上,积极增强外交自主性,并积极扩大自身影响力、提升自身实力。其中表现最为突出的包括"脱离"传统的西欧大国如德国、法国,积极对接中国"一带一路"倡议,务实发展对华关系。这让奥地利政府多次在中奥交流与交往中成为欧洲国家中的"第一"或"唯一"。

2014 年 1 月,库尔茨在就任外长招待会上与中国驻奥地利大使赵彬会见并表示:"奥地利重视发展对华关系,愿与中方一道推动两国关系健康、稳定发展。"2014 年 10 月,库尔茨首次访华后表示"中国经济社会发展取得的重大成就给他留下了深刻印象"。2015 年 8 月,库尔茨表示愿意参与中国—中东欧国家合作。2016 年,库尔茨与中国外交部部长王毅互致贺电,祝贺两国建交 45 周年。2017 年,库尔茨推动奥地利于 2017 年 4 月在中国成都增设总领馆,并表态愿为中国顺利举办 2022 年北京冬奥会提供支持。① 2018 年 4 月,库尔茨和奥地利总统范德

---

① 刘晨:《奥地利总理库尔茨》,《国际研究参考》2018 年第 10 期,第 47—51 页。

贝伦联袂访华,中国成为奥地利历史上首个国家元首和政府首脑联袂访问的国家。2019 年 4 月,库尔茨以政府首脑身份亲自率团出席中国北京"一带一路"国际合作高峰论坛。2019 年 4 月 25 日,库尔茨在访华期间专程前往浙江,与浙江省委书记车俊和省长袁家军会面。2020 年 2 月 14 日,总理库尔茨在德国慕尼黑安全会议期间,主动邀约我国国务委员兼外交部部长王毅进行洽谈,再次加强中奥两国友好合作关系。2020 年 3 月 27 日,总理库尔茨主动与我国国务院总理李克强进行电话沟通,寻求中国抗击新冠疫情的经验并寻求中奥在医疗物资方面的合作。2021 年 5 月,库尔茨与李克强就中奥建交 50 周年互致贺电。

不难发现,库尔茨领导的奥地利政府重视发展对华经贸合作与文化交往,相比个别欧洲国家,这届奥地利政府坚持他们竞选纲领中的"实用主义"理念,在尊重中奥两国差异性的基础上,务实发展与中国的外交关系,并取得喜人成绩。但是,年轻的库尔茨总理在其政治轨迹上也有历史污点:2012 年,在其就任内政部国务秘书时期,他与奥地利总理法伊曼接待"藏独"分子达赖,这一行为严重伤害了中国政府和人民的感情,给双边关系造成了损害,中国政府以及中国驻奥地利大使馆对此表示了强烈的谴责。经过中奥双方的共同努力,2014 年两国关系实现正常化。2014 年 10 月,奥地利时任副总理兼经济部部长米特雷纳访华。2015 年 3 月,奥地利时任总统菲舍尔对中国进行国事访问,分别与习近平主席、李克强总理和张德江委员长举行会谈。

中奥两国关系总体稳步发展,各领域合作日益密切。库尔茨总理在位期间持续保持着较高的民众支持率,而且在过去抗击新冠疫情过程中,该届政府基本取得了令奥地利民众信服的成绩,并带领奥地利增强其在欧盟国家中的正面影响。① 尽管库尔茨于 2021 年秋因再次陷入腐败丑闻而遭调查,并最终为保全人民党的执政地位而宣布辞去总理职务②,但他并不承认舆论所说的腐败丑闻,也依旧保有较高的民众支持率。库尔茨的主动辞职避免了总理及人民党遭国会不信任而被弹劾下台的风险,保全了人民党的执政地位。

短短数年,库尔茨在奥地利政坛的起伏,也许很好地说明了欧洲国家在选举上越来越不走"寻常路",反映了欧洲各国所面临的政治和社会层面的新挑战。这里,至少有两个现象值得反思。一方面,欧洲政坛领袖呈现年轻化趋势。2017 年 5 月,当时 39 岁的埃马纽埃尔·马克龙(Emmanuel Macron)当选为法国总统,成为当时欧洲最年轻的总统;2017 年 10 月,奥地利的库尔茨成为全球最年轻的总理(首次执政时 31 岁);2019 年底,34 岁的桑娜·马林(Sanna Marin)当选为芬兰总理。对年轻领袖的渴望,恰好反映了在经历经济不景气、政治不团结、难民危机和民粹主义兴起的社会背景下,年轻一代选民对改革的热切渴望。西方媒体认为,欧洲年轻领袖的共性在于他们秉持

---

① 库尔茨领导的奥地利政府在抗击新冠疫情中能够立足问题、研判疫情、当机立断、敢为人先,其采取的各项先于欧盟诸多国家的举措包括:最先采取"限制出行"措施(2020 年 3 月 15 日)并在公共场合实施口罩令;最先采取"停学停课"措施(2020 年 3 月 16 日起);首个公开承认"武汉抗疫"正面例子的中欧国家领导人(2020 年 3 月 31 日);最先迈出恢复"新常态"第一步的欧盟核心国家(2020 年 4 月 14 日);首个组织政府内阁成员捐赠工资的中欧总理和政府(2020 年 4 月 20 日,共计捐出 16.2 万欧元善款)。

② 库尔茨于 2021 年秋陷入腐败丑闻,据奥地利媒体报道,他因涉嫌"腐败和贿赂"遭调查。根据奥检方的说法,库尔茨于 2018 年竞选总理期间,涉嫌使用公共资金为一家民意机构支付广告费,以制作对其有利的民调结果,继而营造有利于自己的选举氛围。

务实主义,有改革的魄力和决心,并且都致力于积极推进欧洲一体化进程。另一方面,欧洲政坛涌现出"绿色浪潮"。这一"绿色浪潮"即欧洲的绿党。作为 20 世纪后半叶随着西方生态运动的发展而出现的左翼政治组织,欧洲绿党积极改变了欧洲传统的政治格局。绿色政治已成为欧洲最有生命力的社会思潮之一。库尔茨及其所在的人民党在第二次大选上任后,选择与绿党组阁,他成为奥地利历史上首次把绿党带入执政联盟的总理,奥地利成为紧随瑞典、芬兰等国,把绿党带入执政党的国家。有媒体在 2020 年就认为,库尔茨此番政府联盟方案可能成为德国等欧洲国家新的组阁趋势。果不其然,2021 年德国大选后,迎来了红绿党联盟的执政政府。气候变化、环境保护是欧洲各国民众最关心的议题之一,新冠疫情的蔓延加剧了人们对社会环境的重视和关注。从《京都议定书》《巴黎协定》到《欧洲气候法》,欧洲致力于领导全球气候治理的决心愈发坚定,气候政策演化为新的地缘政治工具和各国政党参政的重要议题。无论如何,欧洲政坛出现的新现象反映了欧洲社会的时代议题,给今后发展中奥关系、中欧关系带来新的挑战与机遇。而在发展共建人类命运共同体下的中欧关系之路上,库尔茨也许是欧洲国家领导人中第一个吃螃蟹的人。

"双头鹰"经济模式的战后崛起

奥地利属于高度发达的资本主义国家,是世界上最富裕的国家之一,也是目前全球经济最稳定的国家之一。近年来,奥地利经济持续保持良好的发展势头,人均国内生产总值位居欧洲前列。2016—2019年,奥地利保持了较好的经济增长率,其中2017年和2018年的增长率分别为2.9%和2.7%。2019年,奥地利实际GDP达3985亿欧元,人均GDP为4.49万欧元,远超欧盟平均水平。受新冠疫情影响,2020年奥地利实际GDP下降6.6%,人均GDP较2019年亦有所下滑,为"二战"以来最大幅度的经济衰退(见表2)。

表2　2016—2020年奥地利GDP增长情况①

年份	实际GDP/亿欧元	增长率/%	名义人均GDP/万欧元
2016	3495	1.5	3.99
2017	3692	2.9	4.10
2018	3860	2.7	4.33
2019	3985	1.6	4.49
2020	3756	−6.6	4.21

───────────

①　商务部国际贸易经济合作研究院、中国驻奥地利大使馆经商处、商务部对外投资和经济合作司:《对外投资合作国别(地区)指南——奥地利(2021年版)》,第13页,http://www.mofcom.gov.cn/dl/gbdqzn/upload/aodili.pdf,2022-07-05。

　　从 GDP 的产业结构分配看,奥地利的第三产业和第二产业占比超过 9 成。① 奥地利的服务业和工业发展均相当成熟,并拥有一批优势产业。旅游业是奥地利服务业中的支柱产业,后面会详细介绍。奥地利重要的工业部门包括机械工业、化工业、汽车工业、能源及环保产业和生物医疗技术产业。机械工业是奥地利最大的优势产业,年产值约占奥地利工业产值的 1/4。奥地利的化工业同样发达,境内有近 400 家化工企业,平均年营业额超过 100 亿欧元,70%的产品用于出口。汽车工业是奥地利重要的支柱产业。目前奥地利约有 700 家企业,年营业额约 250 亿欧元,总就业人数达 37 万人。这里每年生产约 180 万台发动机和传动装置,几乎 100%用于出口。② 近年来,奥地利政府重视能源及环保产业,将能源环境技术作为其研发的战略重点,通过集群化的方式,建设生态产业群。其中浙江省的友好州下奥地利州就有绿色建筑产业群。奥地利的健康产业历史悠久,全球著名的奥美德公司(VAMED)向欧洲乃至全球出口相关设备。近年来,奥地利在生物制药和生物技术领域取得快速发展。

　　奥地利的重点和特色产业分布在奥地利各个州。奥地利共设 9 个联邦州,依人口总量从多到少划分,分别是维也纳州、下奥地利州、上奥地利州、施蒂利亚州、蒂罗尔州、克恩滕州、萨

---

　　①　以 2020 年为例,GDP 产业构成中,第三产业占 70.3%,第二产业占 28.4%,第一产业仅占 1.3%。(数据来源于商务部国际贸易经济合作研究院、中国驻奥地利大使馆经商处、商务部对外投资和经济合作司:《对外投资合作国别(地区)指南——奥地利(2021 年版)》,第 13 页)。

　　②　商务部国际贸易经济合作研究院、中国驻奥地利大使馆经商处、商务部对外投资和经济合作司:《对外投资合作国别(地区)指南——奥地利(2021 年版)》,第 15 页,http://www. mofcom. gov. cn/dl/gbdqzn/upload/aodili. pdf,2022-07-05。

尔茨堡州、福拉尔贝格州、布尔根兰州。各州人口数量、地理优
势和经济结构不同,所创造的产值也不尽相同。基于奥地利联
邦统计局截至 2021 年 1 月的数据,本书总结并自制了 2020 年
奥地利各联邦州的人口分布及 GDP 产值,并罗列了各联邦州
的优势产业。①

表 3　2020 年奥地利各联邦州 GDP 产值及优势产业分布

地区	人口/万人	人均 GDP/万欧元	人均 GDP 排名	优势产业
维也纳州	191.19	5.04	1	金融服务
下奥地利州	168.43	3.53	8	农产品加工、葡萄酒、果园
上奥地利州	149.03	4.37	5	钢铁、化学、机械工程
施蒂利亚州	124.64	3.90	6	汽车、钢铁、制造业
蒂罗尔州	75.76	4.41	4	玻璃制品、木业加工
克恩滕州	56.13	3.69	7	木业、纸浆和造纸业
萨尔茨堡州	55.84	4.99	2	电气、木业、物流
福拉尔贝格州	39.71	4.57	3	纺织、制衣
布尔根兰州	29.44	3.02	9	葡萄酒、果园经济

从表 3 中的数据可见,奥地利人口最密集的州维也纳州也
是全国人均 GDP 最高地区,其优势产业主要涉及金融服务。
人均 GDP 位居第二的萨尔茨堡州,毗邻德国,与德国的巴伐利
亚州接壤,主要经营电气、木业和物流行业。福拉尔贝格州的
人均 GDP 位列第三,其优势产业主要为纺织和制衣业。浙江
的友好州——下奥地利州是奥地利人口数量第二大州,其优势
产业主要为农产品加工及葡萄酒酿造业,人均 GDP 排名位于

---

① 　数据来源于奥地利统计局 www.statistik.at,2022-06-10。

第八。奥地利产业结构较为完整,涵盖了农副食品加工业、金属加工业、机械制造业、化工产业、汽车工业、电子信息产业、物流业等。各州均有自己的优势产业,个别州在经济上略显弱势,但整体上,各州经济发展比较均衡。

近年来,奥地利政府除了巩固、建设传统的优势工业外,还注重对数字经济和绿色经济的规划建设。一方面,奥地利政府积极投入数字基础设施建设和数字经济发展,大力开展数字化、通信网络和 5G 领域建设,巩固奥地利作为工业强国的地位。在 2018 年奥地利政府出台的《5G 战略》指导下,奥地利于 2019 年 3 月成为欧盟首个 5G 商用国家。2021 年,奥地利政府制定了"经济回归方案",将数字化转型列为后疫情时代经济重启的三大聚焦领域之一,具体措施包括:加强宽带建设、促进学校和中小企业数字化培训、大力发展电商服务等。[①] 另一方面,奥地利政府重视绿色经济发展规划,通过政府出台的政策,指导和引领企业进行能源改革。

在经济政策上,作为欧盟成员国的奥地利执行欧盟统一的经济政策,包括:积极奉行自由贸易主义;支持多边贸易体制;完善立法;强力扶持中小企业发展;保护就业市场,维护本国利益。尽管受新冠疫情冲击,但奥地利在 2020 年以人均 GDP 4.21 万欧元的数字,依旧跻身欧洲最富裕的国家之一。现代奥地利是一个环境优美、国家富裕、百姓安乐的欧洲宜居国家。

我们知道,奥地利曾经面对的是"二战"后的满城废墟、经济的全面崩盘。有数据显示,1946 年的奥地利,举国只有 1/4 的企

---

① 商务部国际贸易经济合作研究院、中国驻奥地利大使馆经商处、商务部对外投资和经济合作司:《对外投资合作国别(地区)指南——奥地利(2021 年版)》,第 19 页,http://www. mofcom. gov. cn/dl/gbdqzn/upload/aodili. pdf,2022-07-05。

业开工率能达到50%,当年工业产值只有1937年的一半;农业产量不到1937年的50%;1/3的铁路、公路等交通遭到破坏,全国到处都是残破的建筑,人民生活极为困难。因此,奥地利经济也跟德国经济一样,在20世纪50—70年代,经历了"二战"后的重建。经济的复苏当然首先得益于20世纪50年代的"马歇尔计划"和巨大的经济资助。政府在各个时期实行的政策如"钢铁、能源等行业国有化""企业兼并""社会伙伴关系"以及"社会福利政策"等也都有效促进了经济发展,积极抵挡住了20世纪七八十年代资本主义世界的经济滑坡。

但与此同时,在分析奥地利经济成功的各方原因时,不能忽视它地处欧洲中心,连接东西欧的特殊地缘位置。奥地利正是发现并且很好地利用了它的地缘优势,在合理发展、调整经济结构的同时,积极发展与东西欧国家之间的经贸往来,这极大地推进了其经济自20世纪90年代以来的持续发展和突破。有专家称奥地利的这种经济结构为"双头鹰"模式。与神圣罗马帝国历史上"双头鹰"的含义有所不同,奥地利经济结构的"双头鹰"模式,指奥地利一方面注重和西欧国家的经济联络与交往,其中德国一直是奥地利重要的贸易伙伴,对奥地利经济结构也有较深远的影响;另一方面,奥地利与中东欧国家经济联系密切,在中东欧有大量投资,它们构成了奥地利重要的出口市场。

首先,奥地利经济的发展得益于邻国德国强大的经济辐射。奥地利利用与德国语言相通、文化相近的优势,积极学习德国先进的工业技术,加强与德国的经贸合作,夯实自身基于军事工业的工业基础,发挥自己拥有丰富的矿产资源的天然优势,形成相对成熟的工业体系,并发展出一批有自身优势和一定体量的产业,尤其是机械制造、金属加工、汽车制造、化工业以及建筑业等领域。奥地利统计局数据显示,2017年,奥地利共有制造和建筑企业 6 万多家,提供近百万人口就业岗位,销售额超过 2500 亿欧元。机械工业中的金属加工、设备制造是奥地利的优势产业,目前约有企业 8600 家,产值占奥地利工业产值的 1/4。在化工领域,奥地利目前有超过 250 家化工企业,年营业额超过 200 亿欧元,占奥地利工业总产值的 13％,其产品有 70％用于出口。同样发达的是奥地利的汽车行业。这里也是知名汽车企业保时捷集团的创始人的故乡,有着较深厚的汽车行业文化。奥地利的工业整体实力虽依旧不及工业大国德国,但经过几十年的积累,奥地利已逐渐成为一个出口导向的工业大国,其以工业经济为核心的第二产业产值于 2017 年占国内生产总值的 28.3％,出口总额连续几年占国民生产总值的 1/3。

其次,奥地利与德国等西欧发达国家开展技术和生产链合作,促进本国就业,加速行业规模和技术升级。其中,因为具有与德国语言共通等优势,奥地利成为德国在海外最大的汽车发动机和零部件等生产基地之一。奥地利和来自德国巴伐利亚州的宝马集团的合作尤其紧密,位于施泰尔市(上奥地利州)的宝马发动机厂是宝马集团最大的发动机生产基地,全世界几乎 2/3 的宝马车和 1/4 的 MINI 车的发动机在这里生产。[①] 有大量奥地利企业通过为德国终端产品提供关键零部件而成为行业领军者,包括奥钢、麦格纳斯太尔、艾美斯电子等企业。此外,奥地利利用先前的工业基础,拓展产业空间,生产载重汽车、拖拉机、越野车等。上奥地利州、施蒂利亚州

---

① 商务部国际贸易经济合作研究院、中国驻奥地利大使馆经商处、商务部对外投资和经济合作司:《对外投资合作国别(地区)指南——奥地利(2021 年版)》,第 15 页,http://www.mofcom.gov.cn/dl/gbdqzn/upload/aodili.pdf,2022-07-05。

和维也纳州已成为奥地利三大汽车产业集群地。奥地利和德国的化工产业同样合作紧密,如来自德国的世界较大的化工厂巴斯夫和德国汉高等化工集团均在奥地利设立地区总部。

最后,奥地利积极发挥其连接东西欧经济腹地的优势,拓展其在东欧邻国的消费和出口市场,成为欧盟东扩的极大获益者。从 20 世纪七八十年代起,奥地利就是东西方贸易的一个中转站,尤其是包括苏联在内的东欧国家可以通过奥地利买到它们在本国买不到的东西。因此,当时苏联就在奥地利维也纳设立相关官方和非官方机构,以促进货物东西方流通。奥地利经济也正是从那时起显现出"双头鹰"经济模式的雏形。数据显示,1984 年就有超过 1000 万吨的货物在奥地利完成过境贸易。① 奥地利政府重视中东欧市场,并设有国民经济研究所,专门开展对中东欧经济与市场的研究。同样作为出口导向型的工业生产国,奥地利有近 3 成的产品用于出口,其对象主要为东欧各邻国,其中化工产品、机械零部件以及金属加工品、汽车及其他成品等是奥地利出口东欧国家的主要产品。根据奥地利统计局 2021 年的数据,2020 年奥地利对欧盟国家的出口占比为 67.6%,向欧盟国家的进口占比为 68.4%。欧盟无疑是奥地利最核心的进出口市场(见表 4)。

表 4　奥地利 2020 年进出口比例②

地区	进口比例/%	地区	出口比例/%
欧盟 26 国 (不计英国)	68.4	欧盟 26 国 (不计英国)	67.6

① 冯中林:《奥地利》,上海辞书出版社 1988 年版,第 142 页。
② 数据来源于奥地利统计局 https://www.statistik.at/,2022-07-06。

续　表

地区	进口 比例/%	地区	出口 比例/%
亚洲国家	14.3	亚洲国家	8.8
EFTA 四国①	5.8	北美洲国家	7.3
其他欧洲国家	5.7	其他欧洲国家	6.7
北美洲国家	3.8	EFTA 四国	5.9
其他地区国家	1.9	其他地区国家	3.7

　　奥地利于 1995 年加入欧盟，实行统一的欧盟对外经贸政策。欧盟是奥地利重要的外贸市场，对奥地利工业科技产品的对外出口起到积极推动作用。当然，随着全球化进程的推进，奥地利并不只局限于欧洲市场，而是积极拓展与亚洲、美洲国家的经贸关系。目前，奥地利与全球 200 多个国家保持着贸易关系。奥地利统计局数据显示，2020 年欧盟成员国占奥地利进口的 68.4%、出口的 67.6%；亚洲国家占奥地利进口的 14.3%、出口的 8.8%；北美洲国家占奥地利进口的 3.8%、出口的 7.3%。由此可见，奥地利与欧盟国家整体贸易趋于平衡，与亚洲国家则有较明显的贸易逆差现象，与北美洲国家则反之，形成较明显的贸易顺差，而与非洲国家的外贸合作目前占比还很小。参照表 5 中的数据，可以发现，德国是奥地利最重要的贸易伙伴，其在进出口比例上均超过 30%。

　　奥地利的贸易伙伴基本都是欧盟国家，包括意大利、捷克、法国、匈牙利、斯洛伐克等。除欧盟成员国外，瑞士是其在欧洲

---

　　① EFTA，指欧洲自由贸易协会（European Free Trade Association），是一个旨在促进欧洲贸易的组织。目前成员国包括瑞士、列支敦士登、冰岛、挪威 4 个欧洲国家。

最大的贸易伙伴。除去欧洲国家外,美国是奥地利重要出口国
(自 2015 年以来,美国在奥地利出口市场中一直排名第二),其
中机械、汽车、化学品、加工制品等是奥地利出口美国的主要商
品,占对美出口的 90%。除欧洲市场外,中国是奥地利重要的
进口国家,自 2003 年起成为奥地利在亚洲最大的贸易伙伴。
2018 年,中国是奥地利第三大商品进口贸易国;2020 年,中国
成为奥地利第二大商品进口贸易国,占比 7.1%,超过除德国外
的任何一个欧洲国家;中国同时也是奥地利重要的出口对象
国,位居第十。奥地利从中国进口的产品主要包括电子产品、
电动工具、家居用品、纺织服装和玩具等①;向中国出口的产品
主要包括:汽车组件、电子元件、机械设备、铁路设备、光学和医
疗、塑料制品等②。

表 5　2020 年奥地利重要的贸易伙伴

序号	进口来源国	进口额/亿欧元	占比/%	出口目的国	出口额/亿欧元	占比/%
1	德国	505	35.0	德国	433	30.5
2	中国	102	7.1	美国	93	6.5
3	意大利	91	6.3	意大利	88	6.2
4	瑞士	76	5.3	瑞士	75	5.2
5	捷克	60	4.2	法国	61	4.3
6	美国	53	3.6	波兰	53	3.9

①　商务部国际贸易经济合作研究院、中国驻奥地利大使馆经商处、
商务部对外投资和经济合作司:《对外投资合作国别(地区)指南——奥地
利(2021 年版)》,第 23 页,http://www.mofcom.gov.cn/dl/gbdqzn/
upload/aodili.pdf,2022-07-05。

②　中奥两国经贸合作详细介绍参阅本书下篇"奥地利和浙江"。

序号	进口来源国	进口额/亿欧元	占比/%	出口目的国	出口额/亿欧元	占比/%
7	波兰	45	3.1	捷克	50	3.6
8	荷兰	40	2.8	匈牙利	49	3.5
9	匈牙利	39	2.7	英国	41	2.9
10	法国	37	2.6	中国	39	2.7

根据奥地利统计局数据,机械和运输设备、汽车组件、各类加工品、化学制品等是奥地利主要出口产品,占奥地利出口总额的73%。车辆、机械、原材料等是奥地利进口的前三大类产品,占奥地利进口总额的2/3。

战后奥地利不像德国那样需要背负战争的历史包袱,而是被定义为"二战"受害者。战后奥地利政府积极将奥地利定位为一个中立国家,并且利用其连接东西欧的地缘优势,积极拓展与东西欧国家的经贸合作与往来。从某种程度上说,奥地利也是欧洲一体化进程,尤其是欧盟东扩进程中经济获益较大的国家之一。

异军突起的旅游经济

　　富饶宜居的奥地利除了有强劲的工业经济和对外贸易外，还有成熟的第三产业，其中金融和旅游业发展成熟，并给国家带来良好收益。奥地利统计局数据显示，2020 年，奥地利第三产业收益占 GDP 的 70.3%，创造产值约 2368 亿欧元（见表 6），其中旅游业已经成为奥地利第三产业的重要组成部分。地处欧洲中部的奥地利拥有发达的公路、航空、铁路及水路运输网络，旖旎的山湖风光加上完善的交通系统和便利的地理位置，让奥地利成为欧洲颇受欢迎的旅游胜地。旅游与休闲活动也是奥地利人民一项重要的业余活动，占奥地利家庭支出很大比重。根据奥地利统计局的一项统计，2019—2020 年度奥地利每个家庭的月平均生活支出为 3250 欧元，支出比例为：食品及不含酒精饮料约为 12%，住房、用水和能源约为 24%，交通约为 14%，娱乐休闲约为 13%，旅游约为 5%。

表 6　2020 年奥地利产业结构①

类别	产值/亿欧元	占 GDP 比重/%
第一产业	44.2	1.3

---

　　①　商务部国际贸易经济合作研究院、中国驻奥地利大使馆经商处、商务部对外投资和经济合作司：《对外投资合作国别（地区）指南——奥地利（2021 年版）》，http://www.mofcom.gov.cn/dl/gbdqzn/upload/aodili.pdf，2022-07-05.

类别	产值/亿欧元	占 GDP 比重/%
第二产业	970.4	28.4
第三产业	2368	70.3

注:数据来源于奥地利统计局。

自 1993 年起,10 个奥地利人中就有 1 个从事旅游行业。尤其是奥地利整体经贸实力处于上升期的 20 世纪 90 年代和 21 世纪初,旅游业一直用强劲的贸易顺差平衡奥地利的整体贸易(2002 年第一次出现贸易顺差)。目前,奥地利共有超过 6 万家各等级饭店、旅店,共有床位 110 万张。2019 年,奥地利接待游客约 4620 万人次,过夜旅客量达 1.52 亿人次,其中奥地利人占比约 26%,外国人占比 74%,旅游产值约 300 亿欧元,占国内生产总值近 7.5%。[①] 由于受到新冠疫情的冲击,2020 年奥地利接待游客仅约 2500 万人次,较前一年下降 45.8%。但自 2015 年后,奥地利的旅游总产值基本稳定在 170 亿欧元以上,占国内生产总值的 4.5%—7%(见表 7)。2000 年,奥地利旅游业总产值为 160 亿欧元。与 2000 年相比,2019 年奥地利旅游业总产值涨幅达 88.75%。在旅游经济贸易上,奥地利一直呈现明显的旅游贸易顺差。

表 7 2018—2020 年奥地利旅游业产值与 GDP 占比

年份	旅游业直接产值/亿欧元	旅游业总产值/亿欧元	旅游业总产值占 GDP 比重/%
2018 年	210	285	7.4

[①] 数据来源于奥地利联邦统计局 https://www.statistik.at/,2022-07-06。

年份	旅游业直接产值/亿欧元	旅游业总产值/亿欧元	总产值占 GDP 比重/%
2019 年	222	302	7.5
2020 年	133	170	4.5

奥地利是个有山有水的国家,西南部挨着阿尔卑斯山脉,地处多瑙河畔,自然资源丰富,森林覆盖率达 47.6%。"二战"后,奥地利利用本国自然资源和连接东西欧丰富的历史文化资源的优势,大力发展旅游经济,大力开发阿尔卑斯山区旅游以及基于森林和温泉的疗养旅游,拓展以维也纳为核心的旅游城市群,这让奥地利在"二战"后成为欧洲典型的旅游国家之一。奥地利旅游主要分两季:夏季主要包括山区地带的登山活动和湖畔度假项目;冬季主要是以滑雪、登山为主的活动项目,以及温泉疗养。除了上述基于自然景观的旅游项目外,奥地利积极利用其历史文化遗产资源,将维也纳打造成国际知名的帝国文化之都,并以维也纳为文化腹地,将奥地利其他城市拓展为旅游城市群,如萨尔茨堡、因斯布鲁克、格拉茨、林茨等。同时,奥地利利用丰富的文化和音乐资源,定期开展音乐节和文化节,如闻名全球的萨尔茨堡音乐节、萨尔茨堡艺术节、维也纳音乐节等。

"二战"后初期奥地利人从未想过自己的国家日后会成为欧洲人心目中的旅游胜地,甚至发展为全世界重要的旅游国家。奥地利旅游业的蓬勃发展在某种程度上得益于"天时""地利"和"人和"。首先,关于"地利"部分,上文已进行阐释。奥地利本身拥有丰富的自然景观,而且地处连接东西欧国家的"心脏"地带,完善的铁路及航运交通也为各地游客前来提供便利。

那么"天时"呢?这里的"天时",既和"二战"结束后奥地利政府和社会注重加强对国家自然环境和风景的海外宣传密切相关，又得益于当时开始兴起第三产业的历史时机。一方面，作为战败国——"大德意志中的组成部分"，奥地利在"二战"后建国初期面临需要重新审视民族身份和本国文化的历史任务，而之前受德意志帝国影响的"帝国文化"是敏感的甚至会被诟病带有民族情结，因此文化界、电影艺术界在表达"本国文化"时开始将焦点转向对奥地利本土美好的地理和自然景观的关注，因为将"高山湖泊"作为宣传对象能避免引起争议，而曼妙的国家风景同样能给文化工作者带来创作灵感。如 1955 年 10 月登上城堡剧院的《国王奥托卡的盛衰》(*König Ottokars Glück und Ende*)，高度歌颂了奥地利的奇妙风景。该剧在整个国家引起强烈反响，也传播至欧洲邻国，在某种程度上积极宣传了奥地利作为旅游国度的国家形象。之后，百老汇和好莱坞等电影行业兴起，不少因躲避战事从奥地利移居美国的犹太人后来从事电影行业，他们或直接或间接地促进了奥地利旅游国度主题在美国好莱坞的宣传。最著名的包括 1965 年的电影版《音乐之声》，它以萨尔茨堡周围及奥地利阿尔卑斯山脉为背景，展现了一个仙境般的美丽世界。随着电影在全球范围内获得成功，电影中奥地利萨尔茨堡周围美丽的风景引发了全球人民的关注与向往：积雪覆盖的山峰、神秘的峡谷、静谧的湖水、宁静的村庄、肃穆的教堂、热爱音乐的人群。另一方面，随着"二战"后各国迎来经济腾飞，各地人民有了更强的经济实力和高强度劳动之余的旅行愿望。正是因为全方位成熟的"时机"，作为"二战"后中立国的奥地利才成为欧洲各地人民喜爱的出行目的地。

　　这里所说的"人和"，除了各国民众不断增长的出游他国的旅游需求外，还包括奥地利从政府官员到民众对旅游产业的认可与投入、热情与支持。"二战"后奥地利政府为更好地促进旅游业发展,积极改善奥地利在欧洲乃至全球范围内的形象,包括积极构建奥地利中立国的国家形象,主动承办国际会议,把维也纳打造成国际城市。举办国际会议有助于扩大奥地利在国际上的正面影响,拉动奥地利旅游经济发展。从更具体的促进旅游业发展的举措来看,奥地利政府自 20 世纪 70 年代起就鼓励全民参与旅游服务,以缓解急速攀升的旅游市场需求和紧张的资源需求。其中,政府为确保旅游旺季①仍有足够床位和旅店资源,鼓励民众向游客出租自家多余房间。奥地利政府规定,只要出租房不超过 10 个房间就不算旅店,政府不收取旅馆税。这项政策极大鼓舞了民众特别是有多余房间的郊区乡民,通过开设家庭旅馆增加家庭在旅游旺季的收入。正是受到这一政策的积极影响,奥地利部分地区的郊区乡民积极投身于旅馆、餐饮等服务于地方旅游发展的行业。奥地利目前除了有 6 万多家各等级酒店外,还有许多家庭旅馆,尤其是郊区的农家旅舍,这已经构成了奥地利旅游的一大特色,而且有不少游客喜爱农家旅舍,因为那里一般风景宜人、环境优美,而且价格一般比星级酒店便宜,也能给顾客提供更多个性化服务和具有奥地利本土文化特色的东西,如各具特色的家庭旅馆建筑、风格迥异的家居装潢、美味地道的本土餐饮。甚至可以在户外的庭院中,慢慢品尝主人的拿手好菜,又或是晚饭后在庭院里和三五客人一起闲聊。这种度假生活贴合部分游客的精神追求,同时又比入住星级酒店更多地节省了旅游成本。此外,政府还鼓励年轻人,特别是大学生和中学生参与旅游服务,比如担任招

---

① 欧洲传统的旅游旺季都在夏季的 7 月、8 月、9 月,这 3 个月里,人们纷纷外出度假,政府机关、事业单位都只留少数人值班,以应付日常工作。

待员或餐厅服务员,通过暑期兼职赚取生活费用。这个习惯与风俗,一直延续至今。

除此以外,政府还重视旅游业的人才培养。奥地利在现有的科技大学和艺术大学中均设有以应用为导向的旅游类专业,维也纳经济大学和因斯布鲁克大学还设有旅游学院。随着学科的专业化程度不断提高,旅游类专业目前已细化出旅游经济、旅游组织、会计、管理、交通物流、酒店管理、厨房管理和烹饪、食品和饮料服务、前台程序等课程。

据官方数据,奥地利最主要的外国游客一直是德国人,其次分别是来自荷兰、瑞士、英国、意大利以及东欧国家(特别是邻国波兰、匈牙利、捷克、斯洛伐克等)的游客。奥地利统计局数据显示,2019 年,奥地利接待德国游客达 1438 万人次,占 45%;之后依次是荷兰(占 6.5%)、意大利(占 3.4%);中国排名第四(占 3.2%),入境奥地利旅游人数首次超过 100 万人次;排名第五的是捷克(占 3.2%);此外,瑞士和列支敦士登两国合计占 4.5%。

奥地利的旅游业同样重视亚洲市场,而中国游客已经成为奥地利旅游业最重要的亚洲客源。据中国国家旅游局统计,2015 年中国公民出境旅游达到 1.2 亿人次,旅游花费 1045 亿美元[①],中国游客已成为世界各国争抢的对象。2018 年,中国—欧盟旅游年成功举办。2019 年,奥地利国家旅游局在奥地利驻华大使馆的大力支持下,于当年 6 月携手 26 家奥地利合作展商,前往中国开展旅游宣传推介会。推介会从广州出发,途经成都、北京,在上海圆满落幕。在此次的中国之行中,奥地

---

① 陈镇、张建强:《如何优化中外合作办学项目旅游管理专业课程设置?——以海南—奥地利旅游教育项目为例》,《教育现代化》2017 年第 28 期,第 103—107 页。

利国家旅游局与 370 余名中国业内人士进行了卓有成效的会谈。根据欧盟 2018 年的统计报告,中国已经成为欧盟第三大游客来源国。① 其中,奥地利在 2017 年就被评为中国游客向往的欧洲目的地之一。国人也用行动和数据证明了这一点:2019年,中国游客在奥地利过夜的人数为 147 万人次,中国自由行客人占奥地利自由行客人的 30%。

除此以外,中国游客还是奥地利旅游购物的主力军,2016年中国游客消费支出占奥地利免税品销售额的 1/3,位居第二和第三②的分别是俄罗斯(10%)和瑞士(6%)。有鉴于此,奥地利积极发展与中国的友好合作伙伴关系。2018 年,奥地利国家旅游局与阿里巴巴旗下旅行品牌飞猪签署合作协议,双方将合力打造飞猪奥地利旅游国家馆。奥地利旅游局此举旨在吸引更多的中国游客前往奥地利旅游,并结合中国旅游者的网络使用习惯和支付习惯,为其提供更便捷、更丰富的数字化旅游服务。2019 年 4 月,奥地利总理库尔茨赴北京参加"一带一路"国际合作高峰论坛期间,与我国国务院总理李克强会面洽谈。李克强总理指出,中奥两国除了在先进制造、农业等领域外,还有望积极拓展在旅游领域的合作潜力,并根据市场需要合理增加两国间的航班班次。目前,国内能直飞奥地利首都维也纳的城市已经从最初的北京和上海,扩展到广州、深圳、成都等城市。

---

① 数据来自中国旅游研究院关于"2018 旅游经济运行盘点"系列报告(五),http://www.ctaweb.org/html/2019-1/2019-1-17-15-0-41081.html,2022-07-10。

② 刘作奎:《中国和奥地利经贸合作现状与前景及政策建议》,《当代世界》2017 年第 7 期,第 42—45 页。

保时捷还是波尔舍

——奥地利汽车家族的三代传奇

　　2019 年 8 月 25 日,大众汽车集团前董事长兼首席执行官费迪南德·皮耶希(Ferdinand Piëch)逝世,享年 82 岁。这位被誉为"大众教父"的汽车工程师和商业领袖一生充满传奇色彩,曾为大众集团进入中国起到了推动作用。他的外祖父便是大名鼎鼎的费迪南德·波尔舍(Ferdinand Porsche)。1875 年 9 月 3 日,波尔舍出生于奥匈帝国波希米亚地区的玛弗斯多夫,1931 年他创建了以自己姓氏命名的保时捷(Porsche)公司,1938 年作为总工程师创办大众汽车公司,可以说,这两家汽车制造巨头的历史背后蕴藏着奥地利波尔舍家族的三代传奇人生。

　　当 Porsche 品牌进入中国市场时,代理公司按照粤语的发音将其译为保时捷,而 Porsche 作为这一汽车家族的姓氏,按照标准音译法应译为"波尔舍"。作为一名不可多得的机械天才,费迪南德·波尔舍是 19 世纪与 20 世纪之交欧美汽车制造业快速发展之际的时代弄潮儿。他出身铁匠世家,小学毕业后便在父亲的铁匠铺做学徒,但同时对机械显露出浓厚的兴趣和极高的天分,所以在结束一天的忙碌后,晚上他还会去维也纳技术学校学习机械方面的理论知识。1893 年,年仅 18 岁的波尔舍加入维也纳的一家瑞士电机企业,在短短 4 年内便升为测试部主管。1898 年,他在加入维也纳的路德维希·洛内尔

(Ludwig Lohner)车辆公司之后,便向世人展现了自己天才般的设计和开发能力:1899 年开发出一款名为洛内尔—保时捷(Lohner-Porsche)的电动汽车,该汽车由前轮轮毂内的电动机直接驱动,动力源为铅酸蓄电池,是 21 世纪热门的电动汽车的原型。同时它也是第一部以保时捷命名的汽车。之后,波尔舍又为这款车后轮的两个轮毂装上电动机,于是世界上第一部四轮驱动电动汽车诞生了。为了解决这款电动汽车蓄电池过重的问题,费迪南德·波尔舍在 1902 年又为它装了一台内燃机,由内燃机发电驱动轮毂电机,于是世界上第一台混合动力汽车诞生了。这些远远超越时代的作品在今天看来都令人称奇。

　　1906—1929 年是波尔舍人生为期 23 年的"戴姆勒"时期。其间,他先在奥地利戴姆勒汽车公司(Austro-Daimler)负责汽车、飞机发动机和赛车的研发,1916 年被擢升为奥地利戴姆勒汽车公司总裁。凭借自己在汽车研发领域做出的巨大贡献,波尔舍在 1917 年被奥地利维也纳工业大学——也就是他的母校——授予"名誉博士"称号。1923 年,他离开奥地利戴姆勒汽车公司,转投位于德国斯图加特的戴姆勒发动机公司。在从分公司来到总部后,他设计了 S、SS 和 SSK 超级增压赛车等多款具有划时代意义的新车,名震欧洲汽车界,因此也被斯图加特高等科技学院(即现在的斯图加特大学)授予"名誉博士"和"名誉教授"的称号。1926 年,戴姆勒汽车与当时的奔驰汽车合并,由于开发理念的不同,新公司决定大力开发戴姆勒—奔驰系列豪华轿车,而费迪南德·波尔舍却志在设计生产平民百姓负担得起的量产型汽车。所以 1929 年波尔舍毅然离开公司,回到奥地利,在度过了一段并不顺利的时光后,1931 年重新回到汽车之都德国斯图加特。

　　他从家乡重返斯图加特的目标只有一个,那就是创业。1931

年4月,费迪南德·波尔舍带着自己的热情、经验与名誉博士的头衔,在德国斯图加特成立了自己的咨询公司,全称"名誉机械工程博士 F. 波尔舍发动机与飞机设计与咨询有限责任公司"(Dr. Ing. h. c. F. Porsche GmbH, Konstruktionen und Beratung für Motoren und Fahrzeuge),员工包括自己22岁的儿子费里·波尔舍(Ferry Porsche)、女婿兼公司法律顾问安东·皮耶希(Anton Piëch)和一名来自维也纳的律师。费迪南德·波尔舍育有一儿一女,女儿为路易斯·波尔舍(Louise Porsche)。公司为奥迪的前身——汽车联盟公司(Auto Union)设计了一款16缸中置引擎赛车,它一举改写了15项世界汽车速度纪录,包括令当代人都会目瞪口呆的406.3千米/小时的汽车极速纪录,成为德国汽车工业发展史中光辉的一页。但与之相比,波尔舍开发平民用车的计划进展一直因过高的成本带来的投资风险而不顺利,直到命运让他遇到了另一位奥地利同乡——阿道夫·希特勒。

费迪南德·波尔舍和希特勒之间的往来与合作是他传奇人生中不光彩的一页,反映了这位汽车设计天才在政治上的天真——为工作之便,波尔舍甚至还在后来加入了德国籍(他的子孙依然保留着奥地利国籍),但另一方面也能从这里看出他对技术的痴迷和对自己梦想的执着追求。

1933年,希特勒在夺权成为德国总理后亲自主持了柏林汽车展开幕式,并发表演讲,表示要创造一种所有平民百姓都负担得起的"国民轿车",这与波尔舍的梦想不谋而合。同时,希特勒的内阁与顾问也一致推举波尔舍承担此次研发项目。于是在1933—1936年,波尔舍带领公司团队全力以赴进行技术攻坚,于1936年10月交付了3辆样车,这3辆经德国汽车协会测试并表现良好的样车便是今后风靡全球的大众"甲壳虫"汽车。据说,希特勒亲自参与了大众汽车的实际设计工作①,在和波尔舍会面时,他亲笔画出了汽车的草图,其中一张与日后的"甲壳虫"已非常相近。

波尔舍 1931 年在德国斯图加特成立保时捷

1936 年生产的首批大众"甲壳虫"

　　但是具有讽刺和悲凉意味的是,波尔舍的"国民汽车"梦并没能完全实现。1938 年,大众汽车工厂在德国沃尔夫斯堡正式运营,由费迪南德·波尔舍出任总工程师,1939 年 7 月开始生产"甲壳虫"汽车。可不到一个月,生产就停止了,波尔舍的汽车梦因为希特勒的战争野心而破碎,汽车厂转眼变成了兵工厂,虽然他之后不得已为希特勒设计的军火产品如"虎"式坦克、"象"式坦克歼击车等在军事设计史上也具有响当当的名气,但这并不光彩,无疑也不是波尔舍想要的。"二战"后,波尔舍被法军拘禁,但 1947 年被释放,并于 1948 年被正式免罪,1951 年去世。不过,在大众汽车公司成立后的前 30 年时间里,始终沿用的是保时捷的设计理念。在很长一段时间里,大众从设计到研发都由费迪南德·波尔舍在斯图加特的设计公司完成,因此在许多保时捷设计师眼中,大众位于沃尔夫斯堡的开

---

　　①　李伯杰:《德国文化史》,对外经济贸易大学出版社 2002 年版,第 345 页。

发部充其量也就是个负责改进的部门。

　　在 20 世纪 40 年代,波尔舍家族的第二代在汽车领域逐渐崭露头角,甚至能独当一面。费里·波尔舍于 1909 年 9 月 10 日出生在维也纳,不到 10 岁便拥有了自己的汽车——他的父亲专门为之制造的电瓶玩具车,16 岁时经过特许获得了驾驶执照。在学生时代,费里就通过当时作为德国戴姆勒公司技术负责人的老波尔舍的言传身教和自己的耳濡目染学习汽车设计知识。从 1940 年起,由于父亲不得不将工作重心转移到沃尔夫斯堡的大众汽车工厂上,儿子费里全权负责斯图加特的业务。父子分别掌管大众和保时捷,也宣告了一个家族的崛起和一个伟大的汽车时代的到来。

　　1944 年,随着盟军针对斯图加特的空袭行动愈加频繁,公司处境岌岌可危,保时捷公司因此搬到了位于奥地利克恩滕州的格明德(Gmünd)。后来,保时捷历史上首款跑车 356 系列就诞生在这个位于奥地利偏远山区的锯木厂旧址中。一开始工作条件自然相当艰苦,但费里继承了父亲对汽车设计的热情与专注,带领公司 300 名员工忘我奋斗。据统计,从 1948 年末的冬季至 1950 年,他们在奥地利的工厂中手工制造出 44 台 356/1 Roadster 系列跑车,它的线条、驱动模式和轻质结构组成了它作为品牌的核心。1949 年春,保时捷在日内瓦车展上向世界展示了这些产自格明德的全手工定制的新车型。1951 年 6 月,保时捷在勒芒 24 小时比赛中获得了组别冠军,这引起了国际社会的关注。据说费里·波尔舍在决定制造 356 系列时,保守估计未来能出售约 500 辆这样的跑车,但事实上,到 1965 年,保时捷就一共制造了将近 78000 台 356 跑车。保时捷在“二战”之后的成功给费里带来无数荣誉:1959 年,他获得了德国联邦荣誉十字勋章;1965 年,他获得了维也纳理工大学的荣誉博士学位;1984 年,他又获得了德国联邦州巴登-符腾堡州的教授头衔。

　　如果说传奇车型 356 是费里的首个成功之作,那他之后发起的保时捷 911 系列跑车则是一部标志性作品。人们常说,如果保时捷 356 是划破天际的流星,那么保时捷 911 便是永恒不落的太阳,一直照耀着保时捷品牌繁荣至今。20 世纪 60 年代初,保时捷 356 已不能满足车迷的需要,于是费里决心开发新一代车型。在新车的设计过程中,面对公司内部的不同声音,费里举贤不避亲,果断任命他 4 个儿子中的长子费迪南德·亚历山大·波尔舍(Ferdinand Alexander Porsche)出任公司造型设计负责人,后来成为大众汽车公司董事长的外甥费迪南德·皮耶希出任发动机主设计师。费迪南德·亚历山大·波尔舍出生于 1935 年 12 月 11 日,曾在德国著名的乌尔姆设计学院学习汽车和发动机设计,356 系列的继任者——保时捷 911 便是他的设计杰作。1964 年,保时捷 911 投入量产,这极大地巩固了保时捷品牌作为高档跑车制造品牌的声誉。从彼时至今,911 系列凭借其独特风格和极佳的耐用性,可以说是世界上最长寿的跑车系列,在 20 世纪全球最有影响力的汽车排行榜上名列第五,仅次于福特 T 型车、宝马 MINI、雪铁龙 DS 和亚历山大祖父设计的大众甲壳虫。凭借这一款车的设计,费迪南德·亚历山大·波尔舍在日后获奖无数:1992 年,汉诺威工业设计奖给予其"年度最佳获奖者"称谓;1999 年,奥地利总统托马斯·克莱斯蒂尔授予他荣誉教授头衔;等等。至此,波尔舍祖孙三代都获得了荣誉教授的称号。

　　但同时,波尔舍家族三代在汽车领域所取得的成就丝毫不能掩盖另一支家族——皮耶希家族在该领域所取得的同样的光辉成绩。前文提到,老波尔舍有一独生女路易斯,她的儿子费迪南德·皮耶希不遑多让,也是一位传奇的汽车设计师。有人说他虽然名为皮耶希,却是最好地继承了老波尔舍对汽车技术的偏执的家族成员,恰如他的名字同外祖父一样,也叫费迪南德。虽然曾主管大众汽车集团23年之久,但费迪南德·皮耶希更像一位汽车产业的科研巨匠和精神领袖,而非生意人。他凭借对汽车的痴迷,以及不惜一切代价开发最先进技术、制造好车的顽强精神,一手缔造了大众汽车帝国。

费迪南德·皮耶希于1937年4月17日出生在奥地利维也纳。皮耶希这个姓氏中的字母e上有分音符,这在德语中很少见。皮耶希在自传中称,这一姓氏似乎原为法国人的姓氏,祖先在法国大革命期间从法国的阿尔萨斯迁到了捷克。[①] 1963年,皮耶希开启自己的汽车研发职业生涯,在斯图加特担任保时捷的技术经理。1965年,旗下产品仅有"甲壳虫"的大众汽车集团实际上已经处于危险边缘,为了让保时捷不间断地为其输出技术,大众拿出了一大笔资金来支援保时捷的赛车项目。而皮耶希也借此大展拳脚,研发出了钛金属球形油箱,一举为车辆减重6—7千克。1967年,已经成为保时捷研发负责人的皮耶希开启了其汽车研发生涯最冒险的项目。保时捷917在无任何历史继承的状态下,被设计出来并投入量产。5.4T V12双涡轮增压的引擎能赋予赛车2秒内从0加速到100千米/小时的能力,而极速360千米/小时的数据更是被提升到380千米/小时。保时捷917就这样成了皮耶希引以为傲的作品。

皮耶希人生中的另一座高峰则是在加入大众汽车集团之后。1972年,皮耶希加入大众汽车集团。他在入主大众旗下的

---

① [德]费迪南德·皮耶希著,任卫东译:《汽车和我:费迪南德·皮耶希自传》,上海远东出版社2009年版,第9页。

奥迪之后领导的一系列技术创新将奥迪重新带回可以与奔驰、宝马并肩的高度，一举让其重回豪华品牌之列。经典的奥迪100车型正是由皮耶希亲自打造的，与此同时研发出的Quattro全时四驱系统，更是成了奥迪的核心技术，让其在20世纪80年代的拉力赛赛场上尽显风光。

1993年，皮耶希成了大众汽车集团首席执行官以及监事会主席，2002年离开首席执行官岗位，2015年正式离任大众监事会主席，大众的"皮耶希时代"长达23年。在此期间，他带领技术团队开发了可应用于整个集团品牌的模块化平台，收购了斯柯达、宾利、布加迪、兰博基尼等品牌，帮助大众摆脱了财务困境，让大众、奥迪、西雅特、斯柯达等品牌的产品零件通用化率提升到了70%以上，在有效控制成本的同时，也让众多子品牌在大众这个庞大的帝国羽翼下，联系得更为紧密。1993年，大众品牌只有28个不同车系，而到了2002年，这个数字上升至65个。可以说，如果没有皮耶希，人们不会见证大众汽车集团这个汽车超级巨头的诞生，也不会见到这数十年间大众旗下无数经典车型的问世。

2002年，费迪南德·皮耶希出版了自传 *Auto Biographie*。2009年5月，中文译本《汽车和我：费迪南德·皮耶希自传》出版。在自传中，他透露自己最初对技术的热爱，可能是在沃尔特湖边外公（即费迪南德·波尔舍）那间氛围特殊的设计室里萌生的①，同时他也并不讳言波尔舍家族和皮耶希家族在"二战"后随着经济复苏和家族企业腾飞而产生的矛盾。不过他说："如果我想达到什么目的，我就直奔主题地直接去解决问

---

① ［德］费迪南德·皮耶希著，任卫东译：《汽车和我：费迪南德·皮耶希自传》，上海远东出版社2009年版，第27页。

题,并不在意我身边的情况。周围的人可能因为我有限的视野而感觉不舒服,而我只不过是将注意力集中在最本质的问题上而已……我对和谐的需求是有界限的。"①保时捷一度想要收购大众,却因为 2008 年的金融危机被大众于 2012 年进行了反收购。但皮耶希桀骜不驯的个性导致集团内部派系争斗不断。2015 年大众"柴油门"丑闻爆发后,皮耶希只好引咎辞职。

值得一提的是,保时捷 2003 年正式进入中国市场,截至 2016 年底,浙江有 12 家保时捷中心,是拥有保时捷中心数目最多的省份,仅省会杭州一地就开设了 3 家。而且在浙江的慈溪和义乌这 2 个县级市,保时捷也开了 4S 店。这体现了保时捷对浙江市场的重视,更反映出浙江强大的民富实力。

---

① [德]费迪南德·皮耶希著,任卫东译:《汽车和我:费迪南德·皮耶希自传》,上海远东出版社 2009 年版,第 181—182 页。

音乐之都维也纳

在奥地利有一句口耳相传的俗语："Es gibt nur eine Kaiserstadt, es gibt nur ein Wien."中文意思是："只有一个帝国城市,那就是维也纳。"维也纳在奥地利人民心中是"唯一"的,因为这里是统治中欧 640 年的哈布斯堡王朝的中心,也在很长一段时间里一直是欧洲政治文化中心。

贝洛托于 18 世纪五六十年代创作的维也纳城景画之一

首都维也纳地处奥地利东北角,位于阿尔卑斯山的东北麓和维也纳盆地西北部之间,地处多瑙河畔,是一座风光秀丽、古趣盎然的文化名城。根据奥地利行政区划,维也纳同时也算奥地利 9 个联邦州中的一个州,占地面积约 414 平方千米,常住人口计 170 万人。尽管这个州的面积仅占全国的 0.5%,但这里居住的人口占奥地利总人口的 20%。因为丰富的历史和文化故事,维也纳在国际上赢得了各种名声,包括"音乐之都""华尔兹的故乡""梦之都""维也纳 1900""咖啡馆之都""艺术家之都"等。在众多名声中,音乐似乎是奥地利在国际上最具名声的元素,而维也纳则是奥地利乃至欧洲的音乐心脏。

每年维也纳市内会举办各种音乐会,如一年一度的"维也纳新年音乐会""维也纳古典音乐节""维也纳音乐节""美泉宫夏季音乐节"等。这里的音乐节以表演德国和奥地利古典音乐为特色,维也纳也是古典音乐的故乡。几百年来,维也纳吸引了无数享誉盛名的音乐家前来驻留,他们不远万里来到维也纳,长期居住,并写出名传千古的乐章。他们之中,有来自奥地利境内的"音乐神童"莫扎特、"交响乐之父"海顿、管风琴家布鲁克纳、曲作家马勒等,也有生于其他国家但长期生活在维也纳的音乐家如贝多芬、格鲁克、勃拉姆斯等,至于维也纳歌剧史上最伟大的成就《玫瑰骑士》的创作者,他是从未到过维也纳的巴伐利亚人——理查德·施特劳斯。漫步在维也纳,人们至今都能于城市相关角落找寻到古典音乐大师的"足迹":在环城马路边上能看到沉思着的贝多芬的雕像;在城市花园能看到小约翰·施特劳斯拉着小提琴的雕像,也能看到正在构思乐曲的舒伯特的雕像。

一说到奥地利的音乐家,可能大家最先想到的是"音乐神童"莫扎特(1756—1791)。这位仅活了 35 岁、英年早逝的奥地利古典主义作曲家,一生共创作了 600 多部作品,在短暂的生命里使古典时期的音乐风格日臻成熟并将其发扬光大。莫扎特并非生于维也纳,而是生于如今德奥交界处的萨尔茨堡的一个音乐家庭,父亲是当地著名的作曲家。莫扎特从 4 岁开始学习钢琴,在童年时期父亲是他唯一的老师,教授他音乐、语言和其他学科。莫扎特 6 岁时便能编曲,作品包括至今广为流传的 4 首小步舞曲,8 岁时完成了人生第一个交响曲。从 6 岁到 17 岁,莫扎特生活在萨尔茨堡,在父亲的教导下展露出过人的音乐天赋,也在其父母的规划下,以"神童"称号在欧洲多个宫廷巡回展演,包括维也纳及布拉格宫廷,其足迹还遍及巴黎、伦敦、海牙、苏黎世、慕尼黑等地,并在这一时期结识了许多重要的音乐家,包括伟大的音乐家巴赫。音乐巡演让莫扎特很快名声大噪,年少成名。1773 年,莫扎特正式任职于萨尔茨堡宫廷,直至 1781 年。然而,这份外界看来吃香的工作似乎并没给音乐神童带来多少快乐。相传,莫扎特在这几年过得并不如意,有传闻说他曾几度想离开萨尔茨堡去外地另谋职位。关于他想离开萨尔茨堡的原因众说纷纭,有说是出于对当地过低薪资的不满,也有说是出于对歌剧创作的渴望,因为萨尔茨堡宫廷无法给莫扎特提供歌剧创作的机会。当然也有传言称,莫扎特这种离开家乡的渴求可能仅仅是因为艺术家对远方的向往,而作为艺术摇篮、文化之都的维也纳自然对莫扎特有着强大吸引力。不管原因为何,莫扎特于 1780 年底正式表达了辞职请求,但直接遭到了拒绝,甚至因为辞职一事他与大主教发生了争执。这一冲突反而坚定了莫扎特离开萨尔茨堡的决心。不久之后,莫扎特不顾家人反对,只身前往首都维也纳,并在那里成了一个独立的演奏家及作曲家。从 1781 年直至 1791 年人生尽头,他都生活在维也纳。

维也纳果然给予他施展音乐才华更肥沃的土壤。到达维也纳不久,他很快树立自己的名声并获得大量的演出机会,也不断地结识同时期重要的音乐家和歌剧创作者。1783 年底,莫扎特在维也纳见到了海顿,两人从此成为教学相长的忘年交。1785 年初,莫扎特献给海顿一套弦乐四重奏集,这成了后世流传的《海顿四重奏》(第 14—19 号)。1782—1786 年是莫扎特在维亚纳最高产时期,几乎每隔数月便能推出一部钢琴协奏曲,并会安排在一些当时看来并非传统表演场所的地方进行演奏,如公寓大厅、餐馆、舞厅等。这些演出让莫扎特与当时在维也纳的作曲家建立了良好的互动。1785 年底,莫扎特开始和维也纳剧场的剧本创作者达·彭特合作,莫扎特负责配乐,彭特负责填词,两人合作形成了诸如《费加罗的婚礼》《唐·乔万尼》等脍炙人口的歌剧,并受到了广泛欢迎。不久之后,莫扎特在维也纳的音乐传奇同样引起了霍夫堡宫皇室的注意。为了将这位世界顶尖作曲家留在维也纳,避免莫扎特为了生计流落至他国,皇帝约瑟夫二世于 1787 年任命莫扎特为"宫廷室内乐作曲家"。这个听起来响亮的头衔其实只是一份宫廷闲职,其工作内容只是为霍夫堡宫的年度舞会谱写舞曲,而且工资也不高。莫扎特虽并不满意,但还是接受了这份低收入的宫廷闲职,因为他自 1786 年停止频繁的音乐演出后收入骤减,加之 1788 年奥土战争令不少音乐家断了其原有的赞助。受战争和收入影响,莫扎特一家自 1788 年起从维也纳市中心搬到阿尔瑟德伦德郊区。说到经济问题,还有一件令后人不解的事情。尽管莫扎特才华横溢、年少成名,但这位音乐神童一生大部分时间都过着拮据的生活。存放在维也纳国家档案馆的莫扎特遗产清单①显示,莫扎特名下无一处房产,家里也没有值钱的东西,他拥有的全部现金加起来只有 193 个银币,外欠债务却有 918 个银币。也就是说,他死前处于破产状态。1791 年,也是莫扎特生命的最后一年,他仍保持着旺盛的创作力,并且创作了几部至今仍家喻户晓的剧作,包括受友人之托为剧本《魔笛》谱写的

---

① 罗振宇:《神童莫扎特》,《意林》2021 年第 6 期,第 30—31 页。

曲子以及为新皇帝利奥波德二世加冕所创作的歌剧《狄托的仁慈》。1791 年 11 月 20 日，莫扎特开始卧床不起，并出现水肿、呕吐等症状。12 月 5 日，年仅 35 岁的莫扎特辞世。2 个世纪以来，莫扎特之死始终是不解之谜，历史学家对此众说纷纭。这在外界看来猝不及防的死亡让莫扎特传奇又短暂的一生又添上一份神秘。无论如何，莫扎特的一生是个奇迹，他的音乐使西方的音乐文化登上了巅峰。

"音乐神童"莫扎特　　　　　"圆舞曲之王"小约翰·施特劳斯

　　说到奥地利的音乐家，另一位不得不提的便是在维也纳土生土长并有"圆舞曲之王"头衔的小约翰·施特劳斯（Johann Strauss Ⅱ）。他也是在奥地利有着"奥地利第二国歌"之称的《蓝色多瑙河》的作者。小约翰·施特劳斯于 1825 年 10 月出生在维也纳的一个音乐家庭，他的父亲是著名音乐家老约翰·施特劳斯，拥有《拉德斯基进行曲》和《莱茵河女妖罗蕾莱》等代表作品。鉴于父子两人在音乐上的伟大成就，后世将两人称为老、小施特劳斯。甚至在维也纳还流传着一句俗语："没有施特劳斯的维也纳就像失去了多瑙河的奥地利一样。"

不过与莫扎特父亲极力培养莫扎特的音乐天赋不同,老施特劳斯并不希望小施特劳斯子承父业做个音乐家,甚至可以说是极力反对他成为音乐家。音乐家父亲真正希望的是培养出一个银行家儿子。一些历史资料显示,在音乐方面取得一定成就的老施特劳斯似乎对音乐家这个职业并非百分百认同,相反,他认为音乐家四处巡演的生活是残酷的、不健康的。由于不想看到孩子重复自己的老路,父亲在小施特劳斯尚为小孩的时候就给他立了规矩,希望他将来从商或做个银行家。然而,事与愿违,小施特劳斯从小就对音乐表现出浓厚兴趣,并背着父亲偷偷学习小提琴等乐器。17 岁时,小施特劳斯师从音乐学院的霍夫曼教授,他的天赋不久便得到了专业人士诸如指挥家德雷施勒等人的认可。但强势的父亲并没有遵从儿子的兴趣,在发现儿子背着他学音乐后曾多次设障碍阻挡儿子的音乐道路。父亲的一再干涉和阻止最终导致父子关系破裂,因为,出于父亲在维也纳音乐圈的关系和地位,在父亲的阻拦下,小施特劳斯几乎无法得到维也纳任何剧院的演出机会。近乎穷途末路的小施特劳斯最终在维也纳的多玛耶尔赌场得到了一个登台表演的机会,但是,固执且强势的父亲依旧大怒并公开表达不满,表示自己有生之年将拒绝去该赌场演出。此次父子之间的公开对峙,引发了当时媒体的疯狂报道,也标志着父子关系的彻底破裂,被当时的维也纳人称为"施特劳斯家族内战"。

受紧张的父子关系影响,小施特劳斯在他的创作初期似乎刻意表现出与父亲在创作上的差异。作为哈布斯堡王室的忠实拥护者,老施特劳斯坚持创作"爱国"主题进行曲,比如著名的《拉德斯基进行曲》便是他献给哈布斯堡贵族元帅拉德斯基的。而小施特劳斯在青年时期曾热衷于创作一些贴近革命者立场甚至是赞扬革命精神的作品,如《自由之歌圆舞曲》《学生进行曲》等。除了这种创作上的刻意对立外,不同于父亲的是,小施特劳斯的确在其青年时期受到了1848年维也纳市民革命的影响和冲击。跟许多懵懂好奇又叛逆的青年人一样,小施特劳斯在与父亲正式决裂后不久,曾参加革命派活动,也曾公开演奏过当时被认为呼吁革命号召的曲子《马赛曲》。为此,小施特劳斯曾一度被维也纳警方拘捕。

在父亲等其他音乐人的协助下,小施特劳斯不久即获得了释放。出狱后的小施特劳斯清醒地将自己与革命派阵营割裂开来。为表忠心,他后来陆续创作了一些"爱国"主题进行曲(如《奥皇弗兰茨·约瑟夫进行曲》),献给新登基的皇帝。1849年,老施特劳斯在维也纳死于猩红热。父亲的离世,多少让小施特劳斯对音乐、对生活有了一些新的想法和体悟。他在父亲去世后不久,决定把父亲和自己的乐队合并,并带着这些人,以更自在的方式做音乐、周游欧洲。在这几年里,他和乐队不仅游历了邻国波兰和德国,还去过法国、意大利和英国,甚至到过美国和俄国。名声大噪后小施特劳斯收到俄国沙皇亚历山大二世的邀请,因此在俄国停留过一段时间,并在那里谱写了不少曲子。

正是这些游历经历,带给小施特劳斯以创作上的灵感和新元素,让其作品得以突破单一既成的风格,保持创新。其中,他较大的贡献之一就是积极推动了19世纪维也纳圆舞曲在宫廷的流行。圆舞曲的德语是Walzer,又可音译为"华尔兹",这种起源于奥地利北部的民间三拍子舞蹈,原本属于中下阶层的人民大众,多见于农民在劳作中哼唱。可以说,小施特劳斯在很大程度上把这种原本只属于农民的舞曲形式提升为哈布斯堡宫廷中的一项高尚娱乐形式,这也是后人称他为"圆舞曲之王"

的重要原因之一。

　　小施特劳斯倾其一生都在积极创作和演出,共谱写了120余首维也纳风格圆舞曲、17部轻歌剧、43首进行曲等。代表作品包括脍炙人口的《蓝色多瑙河》《春之声圆舞曲》《维也纳森林的故事圆舞曲》等。他的指挥和演奏同样光彩夺目,使听众心旷神怡,其作品赢得了许多作曲家如李斯特、勃拉姆斯、瓦格纳等人的高度赞扬。后世为纪念他,将他拉着小提琴的雕像立在维也纳城市花园中,似乎整个城市都跟小施特劳斯一起欢奏着灵动曼妙的华尔兹。

　　然而说到奥地利人对音乐的热爱,远不是用一两个奥地利音乐家的传奇人生和音乐创作所能道尽的。音乐如同流淌于奥地利的多瑙河,滋润着世代奥地利人成长,奥地利人对音乐的热爱可以追溯到中世纪。[①] 中世纪的宫廷流行起带节奏和韵律的诗歌,这是当时宫廷音乐的雏形,是浪漫情歌,是人们表达感情的载体。到16世纪,作为帝国中心的维也纳又成为教堂音乐和宫廷音乐最活跃的城市。17世纪至18世纪,随着民族交融和发展,维也纳引入意大利的歌剧,吸收了匈牙利及波希米亚等地区的民族音乐,为音乐的发展注入新的元素。聆听古典音乐成为皇室贵族重要的消遣活动,它也逐渐从教堂庆典节目走向世俗化。无论如何,教堂音乐和皇室表演成为那个时期音乐家施展个人抱负和音乐理想的重要平台,一批又一批在音乐方面有所抱负的年轻人纷纷前往维也纳,去寻找音乐创作的灵感和事业发展的机会。维也纳因此吸引了各地音乐人才,如海顿自幼便是圣·斯蒂芬教堂唱诗班学员,之后担任一个贵族

---

　　① Steinfest, Heinrich. *Gebrauchsanweisung für Österreich*. München: Piper Verlag, 2017, p. 37.

的管弦乐队的指挥；出生于德国的贝多芬自青年时代就来到维也纳，在维也纳度过了他的大半辈子人生。建于 1869 年的奥匈帝国皇家歌剧院(现名为维也纳国家歌剧院)是世界著名的歌剧院之一，参加一年一度的维也纳新年音乐会也已成为不少来自全球各地的人的跨年项目。

　　自从中国的电视台正式转播维也纳新年音乐会以来，中国听众不仅能欣赏到世界一流乐团的演奏，还能目睹众多世界著名指挥大师的风采，领略各位大师对同一乐曲不同的诠释。人们得以细品赫伯特·冯·卡拉扬(Herbert von Karajan)和马里斯·扬颂斯(Mariss Jansons)对《蓝色多瑙河》抑或是对《拉德斯基进行曲》不同的诠释，但音乐传递同样精彩。在乐曲演奏过程中，人们还能欣赏到奥地利国家风貌，其中在音乐会开始前镜头总是对准金色大厅。这座金色大厅现已是"音乐之都"维也纳的城市地标。

维也纳金色大厅

维也纳音乐之友协会成立于 1812 年,自 1831 年起,协会定期在维也纳组织音乐会。1863 年,弗兰茨·约瑟夫一世批准为该协会建造一个音乐厅。大厅始建于 1867 年,1869 年竣工,建筑设计工作由当时新古典主义建筑师特奥费尔·翰森(Theophil Hansen)完成。1870 年 1 月 6 日,音乐厅正式启用。其独特的建筑风格和硕大的厅堂在当时便吸引了民众注意,不久便声名远播。1873 年 4 月 22 日,金色大厅里的球形建筑落成,小约翰·施特劳斯亲自指挥维也纳爱乐乐团演出了他的作品《维也纳的高贵血统》以示庆祝。这场成功的音乐会在某种程度上奠定了这位"圆舞曲之王"和以"严肃音乐"著称的维也纳爱乐乐团合作的基础。金色大厅是维也纳最古老、最具现代感的音乐厅。它的外墙黄红两色相间,屋顶上竖立着许多音乐女神雕像,古雅别致,穹顶间巨幅的绘画、红色的墙壁上金色的流苏闪耀着光芒。历经百余年风雨,金色大厅已成为音乐演出的最高殿堂,而登上金色大厅的舞台已成为全球音乐家毕生追求的梦想之一,因为这是对音乐艺术造诣的最高肯定。

奥地利政府重视民众对古典音乐的传承和对民众进行音乐教育。政府每年都从教育经费中拨款,以培养年轻人对音乐的热爱。其中要求学生在中学义务学习音乐课程,注重培养年轻人的音乐情趣。

维也纳在音乐方面的吸引力并没有随着帝国的消失而消逝。相反,这里依旧吸引了大批现代音乐家,有古典的,也有现代的。音乐已经成为这座城市的灵魂,无论在公园、旅店还是火车站、街头,都时常能听到悦耳的音乐和歌声。他们或许是街头艺术家,或许是音乐学院的学生,或许只是热爱音乐的普通人。这一切,让维也纳成了名副其实的音乐之都。

奥地利诺奖双子星

奥地利文学是德语文学的重要组成部分。历史上,它与德国文学互相影响,并在自身特殊的文化氛围中形成了独特的艺术内涵与审美观,特别是从 19 世纪末以来,奥地利文学造就了一批又一批独领风骚的时代人物,对德语文学乃至欧洲现代文学的发展起了不可低估的作用。[①] 从 19 世纪比德迈耶时期的施蒂夫特和格里尔帕策,到 20 世纪初的茨威格、卡夫卡、穆齐尔,再到"二战"后的作家策兰、巴赫曼、伯恩哈德……这些名字可以继续列下去。尤其值得关注的是,进入 21 世纪后,仅 20 年时间,就有 2 位奥地利作家获得诺贝尔文学奖,他们分别是 2004 年诺贝尔文学奖获得者,同时也是奥地利首位获此殊荣的作家埃尔弗里德·耶利内克(Elfriede Jelinek),以及 2019 年获得诺贝尔文学奖的作家彼得·汉德克(Peter Handke)。有趣的是,这 2 位作家的作品存在一个较明显的共性:作品主题和写作手法都呈现了个性鲜明且叛逆张扬的特点。因此,他们在奥地利这个相对保守的天主教国家不免引发争议与非议。用一个奥地利人常说的词形容,耶利内克和汉德克不啻为"弄脏鸟巢的人"(Nestbeschmutzer)。

奥地利女作家埃尔弗里德·耶利内克出生于 1946 年,20

---

① 韩瑞祥、马文韬:《20 世纪奥地利、瑞士德语文学史》,青岛出版社 1998 年版,前言第 1 页。

世纪 60 年代中期通过发表诗歌《利莎的影子》和小说《我们都是诱鸟,宝贝》初登文坛。20 世纪七八十年代,耶利内克撰写并发表的 3 部小说《做情人的女人们》《美妙的年代》和《钢琴教师》征服了德语国家乃至整个欧洲的读者。

　　耶利内克的作品带有强烈的女权主义色彩和社会批判意识,也夹杂着鲜明的自传性质。2004 年诺贝尔文学奖的授奖词形容她的创作"以独特的语言激情揭露了社会庸常中的荒谬与强权"。不妨以她发表于 1983 年的长篇小说《钢琴教师》为例,这部耶利内克的代表作在 2001 年被导演迈克尔·哈内克(Michael Haneke)搬上了银幕并在同年的戛纳电影节上斩获了 3 项大奖。作品讲述了 40 岁的钢琴教师埃里卡·科胡特在母亲的监管下,想要摆脱母亲的控制,过一种正常的自由的生活。可是,在母亲长期的控制与监管下,埃里卡已经失去了独立生活的能力。她极力想反抗母亲的压迫,同时又极度地依赖母亲。在这种情况下,她和自己的学生——17 岁的克雷默尔相恋,但不幸的是,埃里卡将母亲控制她的那一套方式在克雷默尔身上进行实践,结果遭受到克雷默尔的报复与性暴力,受伤害后绝望的埃里卡将刀刺向自己的肩膀,又默默回到了母亲身边。

　　《钢琴教师》是一部有强烈自传色彩的长篇小说,虽然不能把小说主人公简单等同于作者,但不难发现小说主人公埃里卡的家庭背景与耶利内克有着众多相似之处。耶利内克自幼学习钢琴、管风琴和长笛,后进维也纳音乐学院学习作曲,并在维也纳大学攻读戏剧和艺术史,于 1971 年获得管风琴演奏硕士学位。母亲对她严格管教,虽出身维也纳名门望族,但由于战争及"二战"后的通货膨胀,祖辈的财产所剩无几。"在维也纳,音乐一直是一种赢取名望的手段。"①母亲因此就把希望寄托在了女儿身上,希望她能够出人头地,成为音乐神童,最终带领家庭重返中产阶级行列。而耶利内克的父亲是一位犹太化学家,后精神失常。耶利内克读书期间也曾出现过心理疾病,不得不休学一年。

小说的争议性不仅在于这部作品虽在语言上极富音乐性,但晦涩、零碎、散漫,使用了大量的意象、隐喻和象征,人物对话不用任何直接引语,更体现于它对男性话语体系的颠覆以及对令人惊愕的扭曲、变态的人性洞烛幽微的呈现与批判。小说分为两个部分,第一部分讲述母女关系,第二部分描写埃里卡与男学生的爱恋。不同于传统的文学作品把女性作为欲望聚焦与叙述的对象,它将男性甚至是男性的欲望作为女性的聚焦客体。例如,小说描写了埃里卡对精神病院里垂垂老矣的父亲的观察,对自己表弟不乏情欲色彩的观察,以及对手下的男学生充满欲望和权威性的观察。在此,女性不再处于弱势的从属地位。而埃里卡的母亲也是一个强势的女人。埃里卡时刻处在母亲的监控之下,被禁止与外人随便交往,甚至被禁止交男朋友。耶利内克通过对母亲这一形象的塑造抵制、颠覆男性权威,构建了属于女性的主体性权威,并用嘲讽的笔调指出压迫女性的不仅仅是男性,还有女性自身。

这部作品更具有冒犯意义的是,埃里卡的内心在母亲极端变态的钳制下发生了扭曲,不得不依靠偷窥和自虐来发泄自己的欲望。她在课堂上道貌岸然,为人师表,在工作之余却完全换了一副面孔,在家中的卫生间里用刀片自残,在音像店里观

---

① [奥]薇蕾娜·迈尔、罗兰德·科贝尔格著,丁君君译:《一幅肖像:埃尔弗里德·耶利内克传》,作家出版社 2008 年版,第 6 页。

看色情影片。而她和学生克雷默尔的恋情还是一种不折不扣的畸恋，因为女教师埃里卡在精神上有着十分严重的变态和分裂倾向。她在与学生的恋爱中要求对方虐待自己，而在进行这一切变态活动的过程中，又始终保持冷静和理智，让人不禁对其灵与肉、内与外之间的深度分裂惊骇不已。有人认为，书中对性心理、性幻想、性器官、性虐待和性变态的描写过于露骨和偏激；有人说，耶利内克是个最无情的道德主义者；也有人指出，小说描述了一个人性扭曲、变态的故事，更令人称奇的是，这部作品竟出自一位女作家之手。她以极度冷漠的态度和嘲讽的笔调，展现了一个中年女艺术家可鄙可怜的内心世界和完全变态的性心理与情欲，展现了男权社会中不正常的、不平等的男女关系——猎者与猎物之间的关系，性爱变成了暴力。书中没有爱情的快乐、浪漫和甜蜜，有的只是丑恶、残忍与痛苦；没有人的尊严和人道，只有屈辱和卑俗。可以说，《钢琴教师》是一部少见的另类作品，也是一部对人性具有深刻批判意义的艺术水准较高的小说。

2019 年 10 月 10 日，瑞典文学院宣布 2019 年诺贝尔文学奖获得者为彼得·汉德克，获奖理由是"凭借着具有语言学才能的有影响力的作品，探索了人类体验的外延和特征"。有意思的是，2004 年，耶利内克获得诺贝尔文学奖时曾说，汉德克比她更有资格获此殊荣，没想到 15 年后，汉德克果然荣膺诺奖，这份荣誉来得应该不算晚。

彼得·汉德克于 1942 年 12 月 6 日出生于奥地利南部克恩滕州的格里芬，很早就展露出过人的文学才华，在坦岑贝格天主教寄宿中学读书时便在报纸上发表了处女作《无名的人》，在格拉茨大学读法律专业时也积极参与文学活动，是当时"格拉茨文学社"的一员。1966 年，汉德克在发表了自己的第一部小说《大黄蜂》后放弃法律专业的学习而专心于文学创作,并在同年发表剧本《骂观众》,次年发表剧本《卡斯帕》。1973 年,年仅 31 岁的汉德克就获得了象征德语文坛最高荣誉、素有"诺贝尔奖风向标"之称的毕希纳奖,以此初步确立了自己在文坛上的地位。

　　汉德克在文学艺术上的叛逆首先体现在他早期作品中一系列带有语言怀疑和批判意味的语言实验上,这种语言怀疑也承袭了奥地利作家霍夫曼斯塔尔和哲学家维特根斯坦对语言表意功能的质疑。例如,《自我控诉》彻底摒弃了围绕人物展开的情节,代之以一男一女两位朗诵者的独白,颠覆语言的秩序。又如,《骂观众》一剧没有任何传统的戏剧情节——没有传统戏剧的叙事性,没有场与幕,没有明确的人物行动、人物关系和对白。"在这里,你们不会听到任何你们未曾听过的东西。在这里,你们不会看到任何你们未曾看过的东西……你们将不会看到一出戏。你们的观看乐趣将不会得到满足。你们将不会看到演出。这里并没有演出。你们将会看到一出没有情景的戏剧。"①不过剧名中的"骂"并非谩骂,而是剧中的主要人物——4个无名的说话者在没有布景的舞台上为了打破"第四堵墙"而与观众之间进行的持续交谈、沟通甚至是具有挑衅意味的诘问,表现了早年汉德克试图以这种反戏剧的方式来打破看似永恒的故事叙述,以剧场性取代戏剧性的倾向,所以他的早期戏剧也被人称为"说话剧"。而发表于 1967 年的戏剧《卡斯帕》被誉为德语戏剧中的《等待戈多》。在这部具有荒诞色彩的语言实验剧中,主人公卡斯帕通过在舞台上不时响起的技术媒介中的言语(如集会广场上的扩音器、剧场中的扬声器、磁带录音

---

　　①　[奥]彼得·汉德克著,梁锡江、付天海、顾牧译:《骂观众》,上海人民出版社 2013 年版,第 36 页。

等)学习说话。汉德克在借此剧揭示语言自身逻辑的破碎与颠倒的同时,探讨了现代舆论对人的思维的控制——主人公卡斯帕在语言习得上无疑可被视为由流行文化和媒介文化制造的产品。总体而言,早期汉德克凭借剧作中的语言游戏、语言批判以先锋派作家的形象示人,嘲讽了传统的现实主义描写在社会批判与个体的艺术实现等方面的所谓"无能"。

从 20 世纪 90 年代至今,对汉德克最大的争议无疑在于他一系列对南斯拉夫的书写。从 20 世纪 90 年代起,汉德克搬离奥地利的萨尔斯堡,定居巴黎市郊,但这并不意味着他成了一名象牙塔内的作家。相反,他一直持续关注给人民带来极大痛苦和灾难的南斯拉夫战争,甚至多次前往当地旅行考察,以求通过实地观察的方式获取更为可信的第一手资料,从而探求真相。在这期间,汉德克发表了《梦想者告别第九王国》《多瑙河、萨瓦河、摩拉瓦河和德里纳河冬日之行或给予塞尔维亚的正义》和《冬日旅行之夏日补遗》等一系列游记,表达了他对西方媒体带有意识形态偏见、非黑即白的新闻报道的批判和对作为人道主义危机的战争的控诉,以及他支持民族统一、反对民族分裂的政治立场。

由此看来,可以说,汉德克是一位定居巴黎、怀有深切的南斯拉夫情结的奥地利德语作家。这一多元身份也折射出奥地利处于中欧的地缘位置和其复杂的历史。奥地利大约有 10% 的人口来自其他国家,其中现有 1.8 万名斯洛文尼亚族人在克恩滕州和施蒂利亚州定居,汉德克便出生在克恩滕州的格里芬。汉德克自称来自小农家庭,所以对村庄、土地怀有深厚的感情。他的母亲和祖父母都是斯洛文尼亚人,母亲名叫玛丽亚·西乌茨(Maria Siuz),西乌茨这一姓氏的斯洛文尼亚语为西维奇(Sivec),母亲这边更喜欢自己斯拉夫族裔的姓氏。汉德克的生父是当时驻扎在奥地利、来自哈尔茨的德国军官艾里希·舍内曼(Erich Schönemann),在参军前是储蓄所职员,而汉德克的继父也是一位德国军官,名为阿道夫·汉德克(Adolf Handke),这位和希特勒同名的军官在参军前是位电车售票员,1942年11月4日与玛丽亚结婚。两人的婚姻是在"德奥合并"的大环境下缔结的,所以这一平民和德国军官的婚姻并非平民一方屈从于侵略者,反倒在当时看来颇具合法性,因为一个历史渊源是,奥地利和德国实际上同为以日耳曼民族为主体组建的国家,且主体曾经同属于神圣罗马帝国,因此当时的"统一"组成大德意志的合并思潮能较容易地得到德奥两国公民的响应。但两人的婚后生活并不幸福,这给汉德克留下了创伤。父亲在汉德克看来是他的"敌人"。所以汉德克对德语其实怀有一种复杂、矛盾的情感,它既是"敌人"的语言,同时也是自己的精神家园。

　　汉德克一系列书写南斯拉夫的游记其实也带有较强的"新主体性"文学的性质。"新主体性"文学"从强调政治功能,转向注重文学自身的本性和特性,从注重社会政治问题和现实重大事件,转向对个人、主体、自我意识的回归",但这种回归不是这两个层面的此消彼长,"文学的创作者清楚地知道即使在个人层面上是'主体性'的,也可以在政治层面上是'社会性'的"①。汉德克的母亲在20世纪70年代因患抑郁症自杀,这给了汉德克很大的打击。他在作品《无欲的悲歌》中回忆了母亲的一生,这部作品同时也标志着汉德克告别语言实验而转向"新主体性"文学。汉德克的祖父格雷高尔是位木匠,这位和汉德克关系颇为亲密的祖父曾在一次公投中支持克恩滕加入南斯拉夫王国,这也使汉德克对南斯拉夫怀有好感。汉德克的两个舅舅在"二战"期间被迫加入德意志国防军,1943年相继在俄国战

①　李昌珂:《德国文学史(第5卷)》,译林出版社2008年版,第238页。

死,这些生活细节都反映在汉德克的集大成之作——长篇小说《去往第九王国》中。这些小说,包括汉德克的南斯拉夫游记在内,都表现了人在寻找自我的过程中与现实的紧张关系。在汉德克看来,现实在很大程度上是丑恶、僵化、陌生的代名词,而艺术则是能实现自我构想、给予个体和谐与永恒的完美世界。所以汉德克在对艺术功能的认识上,诚如汉德克在 2016 年中国之行中形容自己的那样——"其实是一个传统作家"。

在汉德克看来,在 20 世纪 90 年代,在"二战"中入侵南斯拉夫,并获得统一不久的德国出于地缘政治和历史原因迅速承认斯洛文尼亚、克罗地亚的主权地位,这开启了西方肢解南斯拉夫的第一步。同时这也是与德国自己的国内宪法乃至国际法相违背的。所以他希望在借游记探索自己精神家园的同时,批判西方媒体的这种双重道德标准。他在一次采访时说:"对我来说,南斯拉夫意味着一个没有民族主义的国度。在那个时候,南斯拉夫代表了第三条道路。但南斯拉夫总统铁托(Tito)去世后,南斯拉夫经济面临崩溃。经济崩溃后,民族主义又出现了。但当时有更好的方式解决问题,其实是能坐下来和谈的,而不是战争。在这个过程中,西方也起到了推波助澜的作用。没有好的战争。可以说南斯拉夫一直深藏在我的心中,最后人们把南斯拉夫给毁掉了,我觉得这是一个很可耻的行为。所以我在这段时间写了这方面的东西。每个作家不应该对自己写过的作品感到骄傲,但我对自己之前写的关于南斯拉夫的作品其实是很骄傲的。"应该说,汉德克的叛逆恰恰体现的是"这位作家面对欧洲剧烈的政治动荡所表现出的无所畏惧的正义良知"①。

---

① ［奥］彼得·汉德克著,刘学慧、张帆译:《痛苦的中国人》,上海人民出版社 2016 年版,编者前言第 8 页。

世界领先的教育

奥地利的创新力和竞争力居世界前列,这与奥地利的教育和人才创新培养体系有着密切关系,奥地利高度重视科研和创新。在 1998—2018 年间,奥地利研发强度增速居经合组织成员国第二位;2018 年研发强度居欧洲第二位(仅次于瑞典)、世界第六位。2018—2020 年,奥地利政府和企业界在研发领域的投入保持在 1200 亿欧元左右①,占 GDP 的比重超过 3%。奥地利的基础教育、职业教育以及高等教育一直处于中欧领先水平,仅维也纳大学就出了 20 位诺贝尔奖获得者。

奥地利政府向来注重发展教育事业,这个传统可以追溯到中世纪神圣罗马帝国和哈布斯堡王朝时期。17 世纪,鲁道夫四世便下令在维也纳新建大学,这也是现代维也纳大学的前身,之后王储阿尔伯莱希特为学校招募了大批人才。到 1774 年,女大公特蕾莎统治时期,便参照德国邦国马丁·路德的义务教育方案,首次在帝国内施行 6 年制国家义务教育,这对民众学习德语书写、提高国民素质起了很大作用。1869 年,奥匈帝国时期正式出台《国民教育法》,规定了普及义务教育,并将 6 年义务教育延长至 8 年。1917—1918 年,瓦解前的奥匈帝国其实已经形成了作为教育支柱的三大学校雏形:普通教育学校(类

---

① 奥地利统计局数据显示,2018 年奥地利在研发领域投入近 1191 亿欧元,2019 年 1235 亿欧元,2020 年 1214 亿欧元。

似其现在的文理学校,为接受高等教育做准备)、职业学校以及师范类教育学校。

"二战"后奥地利政府延续了一贯对教育的重视,于 1962 年颁布《全面教育法》,正式确立教育体系。《全面教育法》规定学生接受义务教育,并将原先的 8 年制义务教育改为 9 年制。20 世纪六七十年代,政府在教育部建立教育改革委员会,专门为国家制定符合社会需求、顺应时代趋势的教育政策,帮助国家复兴教育大业。自 1970 年以来,国家投入科研与教育的经费一直保持占 GDP 的 2%—3%。政府大力投资建设和翻修校舍,解决师资短缺问题,提高教师收入。自 1975 年起,奥地利实行免费义务教育。此外,奥地利公立大学也基本不收学费,针对家庭困难学生,政府可提供助学金。近年来,奥地利再次加大对科研和教育领域的投入。2019 年,奥地利政府和企业界用于研发的投入计 1235 亿欧元,占 GDP 的 3.1%;2020 年,奥地利用于研发的投入计 1214 亿欧元,占 GDP 的 3.2%,在欧盟成员国中位列第二。

奥地利注重基础教育,是最早在基础教育阶段进行现代化外语教育的国家之一。奥地利的基础教育可分为学前教育、初等教育和中等教育。学前教育一般始于儿童 3 岁,3 岁以上的儿童可进入幼儿园,但非强制。初等和中等教育属于义务教育。儿童满 6 周岁,必须统一进入国民小学,学制为 4 年。20 世纪 90 年代,奥地利决定加强外语教育,要求 1995—1998 年公立小学改革试点从一年级①就开始学习外语,学生可自愿选择所学外语,其语种主要为英语、法语、意大利语;从 1998 年开

---

①　在这项改革前,奥地利的公立小学一般从三、四年级开始必修英语或法语,而不是从一年级就开始学外语。

始,该政策由试点学校过渡至全部小学,同时外语选择范围得以扩大,有更多的邻国语言,如新增的克罗地亚语、匈牙利语等均可供学生选择;从 2003 年开始,外语在小学阶段成为必修课程。①

学生在完成小学教育后有 2 种选择:进入普通中学(AHS Unterstufe)或去主干中学(Hauptschule)。学生进入普通中学需要进行选拔考试,没能进入普通中学的学生则去主干中学学习。在普通中学完成 4 年的学习后,学生一般继续进入普通高中(AHS Oberstufe),完成后续的 4 年教育。奥地利的普通中学类似德国的文理中学,学校主要为学生今后进入大学接受高等教育做准备。完成普通高中阶段学习的学生均需参加高中毕业考试(德语"Matura"),这个其实就是奥地利的"高考"。这张成绩单很重要,学生正是凭借这张成绩单的分数去申请自己心仪的大学,一些知名大学和热门专业(如医学、法律等)特别看重申请者的这份成绩单。只是这个奥地利的"高考"和我们中国的高考在内容设置和构成上有些许差异。奥地利的Matura 的成绩由 3 部分组成:1 篇毕业论文的成绩、3 门笔试的成绩和 4 门口试(或者 4 门笔试和 3 门口试)的成绩。笔试中除了德语和数学是必考科目外,学生可以根据自己的兴趣和特长自由选择其他科目(一般在高二时需要决定自己在Matura 考试中选择的科目)。这么一来,在某种程度上减轻了学生备考的压力,也有利于学生发挥各自所长。不过奥地利笔试中每一科的时间都长达 5 小时,可以想象,其对学生的耐力等要求不比中国高考低。

---

① 张建伟:《中国与德语国家外语教育政策比较及启示》,《学习与实践》2016 年第 10 期,第 134—140 页。

在主干中学完成义务教育的学生,同样可以进行相关选择。他们可以选择以职业培训为导向的 3 类学校——高级职训学校(BHS)、中级职训学校(BMS)、多元技术学校就读。从这类学校毕业后,学生一般已经完成了职业培训,可直接工作。他们也可以选择在应用科学大学继续深造。了解德国教育体系的人肯定能发现,奥地利和德国在教育体系中存在较大的相似性。

奥地利的应用科学大学创建于 20 世纪 90 年代中期,是政府为加强技术技能型人才培养而创建的,这一举措让奥地利形成了以学术为导向的传统公立大学和以职业为导向的应用科学大学协同发展的双元高等教育体系。自 20 世纪 90 年代至今,奥地利的大学因为开放、包容和灵活,吸引了来自世界各地的年轻学生。2021 年,奥地利共有 22 所公立大学、21 所应用科学大学、14 所师范类高校以及 16 所私立大学。80% 的大学生就读于公立大学。2019 年奥地利统计局数据显示[1],在奥地利公立大学注册就读的奥地利本国学生人数接近 27 万,本国女大学生人数超过 14 万。另外,就读专科院校的本国人数超过 5.3 万,师范类高校接近 1.1 万,私立高校约 1.4 万。截至 2019 年,奥地利共有外国学生超过 9 万人,其中 87% 来自欧盟成员国和其他欧洲国家,13% 来自欧洲以外国家。

跟德国情况类似,奥地利的公立大学在国家知识创新体系中发挥了重要作用,也是奥地利高等教育的核心组成部分。公立大学属于奥地利研究型大学的集群,其优势学科通常包括人文类学科、自然科学及工科。私立大学的重点学科一般是经济学、艺术学、医学及部分人文社会学科。应用科学大学主要进

---

[1] 参见奥地利国家统计局:https://www.statistik.at/。

行技术和经济类的职业培训。

尽管奥地利的科研创新能力稳居欧洲前列,但其公立大学在基础研究转型发展动因上也暴露出不少问题,包括公立大学基础研究主体地位被持续削弱、基础研究产出效能不佳,以及高层次基础研究人才持续短缺等问题。随着奥地利政府提出要赶超世界前五创新型国家战略,奥地利政府针对公立大学出台了《国家公立大学发展规划 2019—2024》(*National Develepment Plan for Public Universities* ,2019—2024)(以下简称《规划》),其核心目标在于强化公立大学基础研究在国家科研创新生态系统中的主体地位,深入推进公立大学基础研究范式转型发展,增强公立大学国际竞争力、科研创新力和社会影响力,切实实现公立大学基础研究发展模式从资源投入增长型向知识创新产出效能型转型。① 随着《规划》的实施,奥地利政府目前已采取多元激励机制强化公立大学创新研发能力,尤其加大人工智能、大数据分析等领域的原创性研究力度,重点强化创新应用引发基础研究效能,通过专项资助机制引领公立大学基础研究的突破与发展。在吸引高端研究型人才方面,奥地利政府通过了政府赠予教授职位制,向公立大学提供面向4.0 基础研究的战略性资源,吸引更多高端人才加盟奥地利高校。结合院校的知名程度,本书从奥地利 22 所公立院校中选了 10 所知名学府并罗列了其师资等概况,如表 8 所示。

---

① 武学超:《奥地利公立大学基础研究转型发展动因、向度及基本逻辑——〈国家公立大学发展规划 2019—2024〉述评》,《比较教育研究》2019 年第 9 期,第 36—42 页。

表 8　奥地利 10 所知名高等院校概况（2019 年数据）

院校名称	建校年份	教职人员/教授（数量）
维也纳大学	1365 年	6844/452
纳也纳工业大学	1815 年	3830/165
维也纳美术学院	1692 年	336/37
维也纳音乐与表演艺术大学	1817 年	982/167
维也纳医科大学	2004 年	3800/107
格拉茨大学	1585 年	2990/204
格拉茨工业大学	1811 年	2492/125
因斯布鲁克大学	1669 年	3489/267
萨尔茨堡大学	1622 年	2019/149
萨尔茨堡莫扎特音乐学院	1841 年	598/106

可以发现，奥地利大学大多历史悠久，公立大学以综合性大学为主，但不乏音乐艺术大学、工科大学及医科大学，其国际知名度均相当高。囿于篇幅，以下将主要介绍 3 所大学：维也纳大学、因斯布鲁克大学以及萨尔茨堡莫扎特音乐学院。

维也纳大学

维也纳大学坐落于奥地利首都维也纳，始建于 1365 年，是奥地利第一学府，也是包括德国、瑞士等在内的德语国家中最古老的大学，比德国境内最早的大学海德堡大学（1386 年）还要早 21 年。维也纳大学至今仍是德语区国家重要的大学之一，也是中欧最有影响力的高校。据 2022 年泰晤士高等教育世界大学排名，维也纳大学居全球第 151 位；据 2022 年 QS 世界大学排名，维也纳大学居全球第 137 位。其中维也纳大学的人文学科和法学一直处于欧洲和全球领先地位：根据 QS 世界大学艺术与人文专业排名，维也纳大学的人文学科处于全球前 50

位、欧洲前 20 位；法学专业于 2021 年处于全球第 69 位、欧洲前 20 位。维也纳大学下设 15 个学院以及 3 个研究中心，分别为翻译研究中心、体育研究中心和分子生物学研究中心。截至 2017 年，学校共有 20 位校友获诺贝尔奖。知名校友包括物理学家埃尔温·薛定谔（Erwin Schrödinger）、免疫学家卡尔·兰德施泰纳（Karl Landsteiner）、经济和政治学家弗里德里希·奥古斯特·冯·哈耶克（Friedrich August von Hayek）、心理学家西格蒙德·弗洛伊德以及女作家埃尔弗里德·耶利内克等。

维也纳大学历史悠久。其最初由奥地利大公鲁道夫四世于 1365 年参照巴黎索邦大学创建。鲁道夫四世病逝后，其兄弟阿尔伯莱希特积极参与学校的改革和扩建，给学校提供大量捐款并于 1383 年吸引大批优秀学者前来任教，设立神学院、法学院、医学院和人文学院。这一学术机构定义了欧洲的学者和大学精神，并延续至今。在整个过程中，维也纳大学跟欧洲其他的大学一样，经历了扩建和扩招，招生范围由男生扩大到女生，从教徒扩大至非教徒。学校的管理从教会治理到独立自治，校际交流从地区走向国际。维也纳大学以开放、教育平等和学生自由为基本理念，灵活的课程设置和开放的教学环境吸引了全球的研究人员和教职人员，也推动维也纳大学继续在基础研究、应用研究和跨学科研究领域向前迈进。

因斯布鲁克大学

因斯布鲁克大学创办于 1669 年，是奥地利规模较大的综合性国立大学之一，位居奥地利高校第三，仅次于维也纳大学和格拉茨大学。仅看学校的教研能力，因斯布鲁克大学时常超过格拉茨大学，是奥地利仅次于维也纳大学的研究型综合大学。

　　大学坐落在奥地利蒂罗尔州的首府因斯布鲁克,位于奥地利的西南部。因斯布鲁克地处阿尔卑斯山脚下,北临德国,南傍意大利,西侧靠近瑞士,东面通往维也纳。城市静谧安逸,风光秀丽。因斯布鲁克初建于 1180 年,在 1420—1665 年间是哈布斯堡家族的居住地,在马克西米利安一世统治时期(1490—1519)成了国家中心。因斯布鲁克是奥地利第五大城市,约有人口 11.8 万(2021 年数据),是一个充满活力的现代化生活中心。这座小山城坐落在蒂罗尔州雄伟的山峰、平缓的高山牧场和清澈的山间湖水之间,而且至今仍保留着中世纪城市风貌,这种自然和文化的交错吸引着世界各国的游客,因此其游客人数常居奥地利所有城市之冠。它是奥地利重要的国际旅游胜地之一。

　　因斯布鲁克大学的前身是始建于 1562 年的耶稣文法学校。利奥波德一世于 1669 年对其进行翻修,正式将其升格为大学,并下设 4 个学院。弗兰茨一世于 1826 年在原来大学的基础上进行翻修,将这里建成以培养建筑师和设计师为主要特色的高校。现如今,这所大学共有建筑学院、土木工程学院、教育学院、化学和药学学院、政治学和社会学学院、语言文化学院、法学院、哲学历史学院等十几个专业学院,开设了 70 多个本硕博专业。此外,这所大学设有三大研究中心,分别为布伦纳档案研究所、因斯布鲁克 STI 研究所以及纺织物理研究所。因斯布鲁克大学的优势学科包括建筑学、土木工程学、医学、法学、社会和经济学、天主教神学和自然科学等。目前,学校共有超过 3 万名学生。2019 年,共有教师 3489 人,其中有高级职称的教授为 267 人。

萨尔茨堡莫扎特音乐学院

萨尔茨堡莫扎特音乐学院是欧洲乃至全球顶尖的音乐和艺术学府。学校位于奥地利最古老的城市、莫扎特故乡萨尔茨堡,以莫扎特的名字命名。萨尔茨堡是奥地利萨尔茨堡州的首府,位于奥地利西部,处于德奥边界。它是继维也纳、格拉茨和林茨之后的奥地利第四大城市。这里是音乐天才莫扎特的出生地,也是知名音乐指挥家冯·卡拉扬的故乡。萨尔茨堡老城在 1996 年被联合国教科文组织列入世界遗产名录。萨尔茨堡经济发达,文化活动也丰富。除了萨尔茨堡莫扎特音乐学院外,这里还有包括萨尔茨堡大学在内的其他 4 所大学。

萨尔茨堡莫扎特音乐学院的前身是成立于 1841 年的大教堂音乐协会,由莫扎特遗孀康斯坦斯·莫扎特所建。之后又改名为莫扎特管弦乐团协会,并逐渐发展成萨尔茨堡的音乐活动中心。1910—1914 年,国际莫扎特基金会在萨尔茨堡当地扩建新楼,包括建成 2 个音乐厅,并正式取名为"莫扎特",将其发展成音乐学院雏形。1945 年"二战"结束后,它正式被叫作音乐学院(Musikhochschule)。在这之后,这所音乐学院也有过改名,并于 1998 年正式发展成现在的德语名字。

学校拥有世界顶尖的音乐、艺术、表演类师资。学校会集了来自全球近 2000 名学生,2019 年有教师 598 人,其中教授为 106 人。学校设有十几个系,覆盖音乐、表演、乐器、演奏以及社会科学等 30 多个专业。音乐类专业主要包括巴洛克声乐、天主教和新教教堂音乐、管弦乐、键盘乐、打击乐、音乐教育、音乐理论、作曲、指挥等。学校对国际学生收学费,每学期 700—800 欧元。萨尔茨堡莫扎特音乐学院在全球享有良好的声誉,并与欧洲多所知名音乐高校合作密切,包括德国的柏林艺术大学、

科隆音乐学院、汉堡音乐戏剧学院,英国的伦敦皇家音乐学院,
丹麦的奥胡斯皇家音乐学院,荷兰的阿姆斯特丹音乐学院,西
班牙的马德里皇家高等音乐学院,等等。此外,萨尔茨堡莫扎
特音乐学院与我国上海音乐学院、中国音乐学院也都有紧密
合作。

另一个说德语的国家

　　说到奥地利的官方语言,可能不少人会疑惑:奥地利人说什么语言? 有没有"奥地利语"呢? 不熟悉奥地利历史和国情的人大概很难想到,奥地利的官方语言是德语,而且德语是奥地利人的传统语言,也是唯一的官方语言。

　　也许你会接着追问:为什么奥地利的官方语言是德语? 奥地利从何时起说德语? 同样说德语,奥地利的德语和德国的德语有区别吗? 学了标准的德国德语,能听懂奥地利人说的德语吗?

　　奥地利人缘何说德语以及自何时起说德语,需要追溯奥地利和德国的相关历史,以及奥地利德语的发展史。

　　正如在上篇"奥地利的前世"里所提及的,奥地利人的祖先来自今德国巴伐利亚州。奥地利在 12 世纪成立公国前,一直是当时巴伐利亚(今德国巴伐利亚州)的附属国,境内居住着的正是日耳曼人。自那时起至今,日耳曼人一直是奥地利境内最主要的民族,其语言、文化、习俗是奥地利社会文化的最内核部分,而德语在历史上一直是奥地利人的母语。基于这层认知,人们也就不会诧异奥地利和德国在历史上的复杂关系,包括奥地利在"二战"时期经历的那段"德奥合并"的历史,也能更好地明白为何部分德国人至今都戏称奥地利人是德国人的"小弟"。但由于德国在 19 世纪才建成真正统一的民族国家,可以说,德语在很长时期一直以一种民族方言或邦国语言形式存在,而未能像法语或英语一样较早完成语言的规范化进程,这也导致了德语长期处于发展变化过程之中。而奥地利和德国由于历史经历不同以及地域环境存在差异,导致现今的奥地利德语和德国德语在语言的历史发展进程中有一些差异,加之当今德国和奥地利作为两个独立的主权国家,因此官方就两国语言给出"奥地利德语"和"德国德语"这两种更符合政治身份的称谓。

在书面语上,奥地利标准德语和德国标准德语区别不大,尽管在部分词汇和表达上会有些许差别,但几乎不影响会德语的人在奥地利出差、工作、学习或旅游。只是,在口语使用上,奥地利使用德意志的多种方言,主要包括下阿勒曼尼方言、中巴伐利亚方言和下巴伐利亚方言。因此,在面对讲方言的奥地利人时,可能需要时间去明白对方的说话内容。就奥地利德语和德国德语于历史发展中形成的差异与相同性特征分析,大致可以将奥地利德语的发展划分为以下几个阶段。①

第一阶段,奥地利德语与德国德语具有明显的同源性和相似性。奥地利地区最初的德语基于巴伐利亚的口语和方言发展而来。中世纪,巴伐利亚人就沿着多瑙河,在如今的德国巴伐利亚以及奥地利东部地区生活居住,并逐渐形成以方言和口语为基础的语言。这一时期大家几乎都用这种带有鲜明民族特征的方言式德语。这一历史背景甚至对现代还有较强的影响,表现为现今的德国巴伐利亚州和奥地利东部地区仍有着相近的语言和发音。

第二阶段,奥地利德语初步形成较为独立的书写方式。而奥地利德语的书写方式正是以德国 17 世纪的"新高地德语"

---

① 王静:《奥地利德语的历史发展和现状》,《西安外国语大学学报》2012 年第 1 期,第 55—59 页。

(Hochdeutsch)为基础的,即后来德国统一的书写语,因此奥地利德语和德国德语的书面语几乎没有差别。① 从德国历史看,16 世纪德国的"新高地德语"的发展和形成在很大程度上得益于马丁·路德将《圣经》翻译成德语,而《圣经》的翻译是用以德国中部萨克森地区方言为基础的"新高地德语"写成的。② 随着德国印刷术的发展和《圣经》的流传,《圣经》中的书写语言逐渐成为当时德国诸侯国内统一的书写语言。通过这种方式,德语成为在德国各诸侯国内较为通行且被认可的规范化语言,但也仅限于一定社会阶层人士之间的交往。随着之后的启蒙运动在德国大力开展,德国思想家戈特舍德(Gottsched)推崇的"只有使用正确的语言才能表达新的思想内容"不仅进一步扩大了德语使用的影响力,进一步促成普通阶层对德语的接受程度,而且该思想同样影响了欧洲各国,助推各国语言规范化和改革进程,其中就包括当时的奥地利。在奥地利女大公特蕾莎执政期间,她接受国内思想家建议,对奥地利语言进行改革,正式将北部德国诸侯国使用的"新高地德语"纳入奥地利书面语体系。随着 1808 年戈特舍德《语法评论字典》的问世,奥地利正式编制了以此为基础的语言索引,纠正了奥地利德语表达中与之相区别的地方。这是现在奥地利德语与德国德语在书面表达上几乎相同的历史根源之一。

第三阶段,奥地利德语谋求融入自身特色,以跟德国德语相区别。18—19 世纪,随着北部德国各诸侯国开展革命,并于

---

① Ammon, Ulrich. *Die deutsche Sprache in Deutschland, Österreich und der Schweiz. Das Problem der Nationalen Varietäten.* Berlin: De Gruyter, 1995, p. 73.

② 刘振英:《浅谈德语的演变及其发展(二)》,《德语学习》2000 年第 6 期,第 29—35 页。

1871年正式建立德意志帝国,奥地利帝国的皇帝萌生语言独立意识,开始注重本国德语的发展,并有意识地解决奥地利德语与北部德意志帝国德语的雷同问题。在语言改革上,奥地利开始注重融入自身特色,也正是从这个时期开始,奥地利德语和德国德语开始出现一些差异,奥地利德语的自身特点也逐步显现。特别是在奥匈帝国成立后,奥地利德语注重其国家的文化多元特征,开始广泛借用匈牙利语、罗马尼亚语和斯洛伐克语等各民族词汇,将之融入现有的德语体系中。1879年,奥地利公布了第一部国内普遍使用的书面语书写规则《德语正字法规则与词汇表》,奥地利德语中区别于德国德语的书写形式以书面形式被正式确立。

第四阶段,更加重视本国语言名称的独立性,讨论"奥地利语"名称的必要性问题。这一阶段的改变以"二战"后的社会为背景,随着对国家独立和本国身份的反思,奥地利在全国上下开启一条严肃地寻找本国身份的道路,国民对"二战"期间那种模糊的"德国人"的身份加以反思,并逐渐产生更为强烈的奥地利人的民族意识。这也同样反映在语言文化层面,奥地利国内掀起了一项"语言改革"的讨论,即是否应该改革基于德国中部和东部地区口语和方言发展而来的书面语,将奥地利方言书面语化,将奥地利语言"去德语化",创建"奥地利语"。这一呼声曾经一度非常强烈,甚至在民众中产生过一定影响,但这一呼声最终还是没有得到政府响应,因为其没能得到广泛的民众支持,多数人依旧认为此举没有必要。这一事件最终由当时的奥地利总理菲戈尔出面平息,他强调"我们的民族是奥地利,但母语是德语"。此后,"奥地利语"这一概念几乎便不再被提起。

第五阶段,"多元中心论"观点兴起,"语言—国家"间的关系有了更宽泛的阐释。奥地利日耳曼语言学者克莱尼

(Michael Clyne)提出语言"多元中心论"观点,打破"语言—国家"间的狭隘关系,使奥地利德语和瑞士德语成为和德国德语一样的独立语言变体,奥地利德语成为奥地利境内的"标准德语",并被收入《奥地利德语词典》。此外,词典里还收入了大量具有奥地利本土色彩的词语。

　　所以"奥地利德语"是一门独立于"德国德语"的语言,虽然它也叫"德语"。只是,它们在历史上较早地沿用了同一套书面体系,因此它们之间在语法系统层面的区别较少,差异更多体现在发音和词汇层面。对此,也有不少奥地利语言学家研究两国德语的历史渊源与现今的差别,包括著名语言学家、任职于维也纳大学的雅各布·埃布纳(Jakob Ebner)教授,来自格拉茨大学的鲁道夫·穆尔(Rudolf Muhr)教授等。其中,雅各布·埃布纳(Jakob Ebner)教授于 2008 年在德国权威辞书出版社杜登出版社出版的《奥地利德语》(Österreichisches Deutsch)是规范本国语言文字的权威图书之一。另外,来自新闻及法律行业的语言从事者也同样关注两国德语的区别与历史由来,其中《维也纳日报》的资深记者同时也是自由作家的罗伯特·谢德洛切克(Robert Sedlaczek)于 2004 年出版《那些奥地利德语》(Das österreichische Deutsch),并取得极大成功,至今仍积极从事关于奥地利语言特色的写作。

　　在发音方面,奥地利德语一直延续了原来巴伐利亚地区的方言,也就是德国南部地区的方言。而德国在马丁·路德翻译《圣经》后形成的"新高地德语"以德国中部为基础,加之后来由普鲁士建立德意志帝国,因此现代德语的发音基本是由德国中部及北部地区的发音发展而来的。所以,奥地利德语口音与德国标准德语口音差异较大,与德国南部的巴伐利亚部分地区的方言口音更为相似,表现为部分元音和辅音的发音规则发生变

2008 年杜登出版社的《奥地利德语》　　2004 年出版的《那些奥地利德语》

化,如元音前面的 s 在德国德语中读作/z/,在奥地利德语中读作/s/,如 sagen;ch 在国家名称词首发爆破音/k/,因此中国(China)在奥地利德语中常被读作 Kina。

　　词汇领域的区别非常多,这也是部分会德语的中国人初到奥地利,出现听不懂现象的重要原因。总体来看,奥地利德语和德国德语在词汇层面的差异有 3 种情况①:①同一个词在两地德语中意思不同,如 Stuhl 这个词在奥地利德语中意指凳子,在德国德语中专指带靠背的椅子;②同一语义的词在两地德语的发音和拼写上存在差异,如"小姑娘"这个词在奥地利德语中为 Mäderl,在德国德语中为 Mädchen,两者的拼写和念法有一定差异;③受外来词影响,同一语义的词在两地有完全不同的表达形式,其中奥地利受历史原因及多民族环境影响,部分领域纳入了较多拉丁语,以及东欧民族国家的语言。表 9 罗列了几处奥地利德语和德国德语在不同领域词汇上的差异。

---

　　①　陈杭柱:《现代德语词汇发展趋势(下)》,《德语学习》1998 年第 5 期,第 31—35 页;谢宁:《奥地利德语作为语言民族性变体的研究》,《德国研究》2010 年第 4 期,第 70—75 页。

表 9　奥地利德语和德国德语的日常词汇差异

	中文含义	德国德语习惯表达	奥地利德语习惯表达
行政领域	联邦州州长	Ministerpräsident	Landeshauptmann
	政府通知函	Avis	Aviso
	主任医师	Chefarzt	Primarius
	备注:在行政语言上,奥地利比德国更多地沿用了拉丁语		
教育领域	教师	Lehrer　中小学教师 Professor　教授	Professor　教师职业的总称
	高中毕业考试	das Abitur	die Matura
	小学	Grundschule	Volksschule
	文理中学	Gymnasium	AHS(Allgemeine Höhere Schule)
	实科中学	Realschule	Neue Mittelschule
生活领域	房地产	Immobilien	Realitäten(源自拉丁语)
	1月份	Januar	Jänner
	小船	Boot	Schinakel(源自匈牙利语)
	小姑娘	Mädchen	Mäderl
	小面包	Brötchen	Semmel
	乳酪	Quark	Topfen
	土豆	Kartoffel	Erdapfel
	山葵	Meerrettich	Kren(源自斯拉夫语)
	菜花	Blumenkohl	Karfiol(源自意大利语)

"我们不是德国人"

　　被誉为 20 世纪伟大的传记作家之一的埃米尔·路德维希 (Emil Ludwig) 出版于 1941 年的《德国人：一个民族的双重历史》一书成了一部畅销的历史传记，这本书在被译为中文后也是一版再版，可谓是了解德意志民族特性的必读书目。① 在这本书中，路德维希特意强调自己叙述的是德国人的历史，而非德国的历史。他的叙述从卡尔大帝开始，包括发明铅活字印刷术的谷登堡、终生从事宗教改革的马丁·路德、发现行星规律的开普勒、大作家歌德、音乐家贝多芬、铁血宰相俾斯麦，一直到臭名昭著的希特勒。但熟悉奥地利史的读者不难想到，希特勒其实生于奥地利因河畔的布劳瑙，现位于上奥地利州；贝多芬虽然出生于德国波恩，但 1792 年即他 22 岁后就到了维也纳，直到 1827 年去世。

　　由此可见，在民族认同上，奥地利人与德国人有着复杂又深刻的联系与纠葛。也许在国内市面上并没有一本直接以"奥地利人"为题的历史书籍，但翻开美国历史学家史蒂芬·贝莱尔 (Steven Beller) 撰写的《奥地利史》(*A Concise History of Austria*)，导论中第一句话便是"奥地利人可以说是个没有历史的民族……一直到 1945 年以后，奥地利人才真正尝试构建一

---

　　① ［德］埃米尔·路德维希著，杨成绪、潘琪译：《德国人：一个民族的双重历史》，文汇出版社 2019 年版。

种同德国人分离的民族身份"①。此言不虚,因为奥地利作为一个单一民族国家的历史始于"二战"之后,从这个角度看,这段历史尚不过百年。而往前追溯,今日奥地利的大部分领土在公元前 15 世纪属于罗马帝国,随着民族大迁徙以及罗马帝国的灭亡,奥地利被纳入法兰克王国治下的巴伐利亚大公国,被称为"Terra Orientalis"。古德语"Ostarrîchi"在语言和写法上逐渐演变为今日奥地利德语名称"Österreich",含义为"东方的土地"。奥地利在 1156 年正式升格为公国,与巴伐利亚公国平起平坐。随后,在德意志神圣罗马帝国的名号下,奥地利开始独立发展。自 1282 年起,奥地利由哈布斯堡王朝统治直到"一战"结束。随着普鲁士的崛起,普奥之间爆发了争夺德意志地区领导权的斗争。1867 年,奥匈帝国建立,也就是说,在 1867—1918 年间,奥地利以奥匈帝国这个多民族帝国的名号存在,在今天奥地利境内的日耳曼人彼时仅仅是其他"奥地利人"中的一个族裔。

　　奥匈帝国在"一战"后解体,奥地利人也在自我认知上出现困境:奥地利继续以奥地利第一共和国的形式延续,却不受民众欢迎与支持,不少人希望奥地利重归德意志主权之下,所以奥地利第一共和国也一度被冠以"德意志奥地利"的名头。孰料 20 年后,出生于奥地利的希特勒实现了这部分人的愿望,但它的结局是灾难性的,奥地利人成了纳粹德国犹太人大屠杀的同谋和战争失利的难友。20 世纪 30 年代,奥地利经济凋敝、社会动荡,主政的基督教社会党逐渐无力掌控局势。1938 年,奥地利纳粹党在希特勒的授意下发动政变,推翻共和政府。德国

---

　　① [美]史蒂芬·贝莱尔著,黄艳红译:《奥地利史》,中国大百科全书出版社 2009 年版,第 1 页。

军队进驻维也纳时不但无人抵抗,还受到许多居民的热烈欢迎。现在,这一历史事件无论在德国还是奥地利都被称为"Anschluss Österreichs"。德语"Anschluss"的意思是"合并、连接",不带任何军事侵略色彩。因此,奥地利人的自我认同和"两个德国"直到现在依旧是重大的研究课题。人们经常讨论的是,如今的奥地利,即1945年后新兴、独立的奥地利,需要有意识地建立一种全新的民族认同,既要克服两次世界大战之间国家内部团结的缺失,又要将"奥地利人"和"德国人"区分开来。正如本书前面所提到的,尽管奥地利的官方语言也是德语,但是和德国"普通话"即高地德语相比,两者在发音、语法、词汇等方面的差别不可谓不小。奥地利俗语中有一个专门指称德国人的词"Piefkes",大意是指傲慢机械的德国人。据说,热爱旅游的奥地利人如果出门在外,被当成挪威人、瑞士人或匈牙利人都没问题,但是如果被当成德国人,心里就不会太高兴。

　　当今奥地利人的民族性首先体现在他们对自己国家经济高水平发展的自豪上。作为世界上的富裕国家之一,奥地利是经济合作与发展组织的创始国之一,1995年加入欧盟,同年签订申根公约,1999年开始使用欧元。奥地利国有化程度高,国有企业控制了95%的基础工业和85%以上的动力工业。经济方面,机械工业和化工业构成了奥地利的核心产业。根据国际货币基金组织2019年发布的数据,奥地利人均国内生产总值为50022美元,排在第13位,德国以46563美元排在第16位;2018年奥地利的基尼指数为0.268,德国为0.311,这证明奥地利在贫富差距方面的表现要好于德国。根据位于美国纽约的美世咨询(Mercer)2019年公布的生活素质调查,维也纳被评为全球最宜居的城市之一。人口近200万的维也纳是除纽约和日内瓦外的第三大联合国城市,也是联合国的 4 个官方驻地之一,石油输出国组织、欧洲安全与合作组织和国际原子能机构的总部所在地。其实,从许多经济指标和社会保障数据上看,奥地利的表现都比德国好,如失业率、汽车保有率、人均寿命以及病床拥有率等。德国媒体近 20 年来对奥地利赞誉有加,2005 年就有以《奥地利是更好的德国吗?》为题的报道。① 分析人士认为,德国经济发展的黄金期已经过去,今后会越来越仰仗东南方的邻居。奥地利也是德国人心目中最爱的旅游和度假胜地。当然,作为邻居,和平竞争与合作对德奥两国都是双赢的选项。

　　"奥地利人"和"德国人"如今另一个区别体现在宗教和族裔上。奥地利并非一个移民国家,人口中只有 10% 是非奥地利裔。而德国自"二战"结束至今已然够得上移民国家的称呼,有 25% 的居民具有移民或移民背景,有超过 1200 万国际移民,约占全球移民的 5%,居世界第二。虽然新的多元文化随着移民的到来而给奥地利的信仰结构带来了一些变化,但仍无法撼动奥地利是一个传统的天主教国家,天主教徒占总人口的近 60%,这里大多数公共假期都是天主教的宗教节日(奥地利是德语国家中公共假期最多的国家),庆祝活动都是围绕天主教传统来设计的,小镇的每个村庄都有一个天主教堂作为其建筑的焦点和中心。而德国天主教徒所占比例是奥地利天主教徒所占总人口比例的一半(30.8%)。可见,如今奥地利人比德国人更强调传统价值,这也是库尔茨在 2017 年能够当选奥地利总理的原因之一,他强调停止非法移民的施政纲领非常受到选

---

　　① 　Grill, M. Das bessere Deutschland. https://www. stern. de/wirtschaft/job/oesterreich-das-bessere-deutschland-3298546. html, 2021-06-18.

民的欢迎。

在古典音乐中,人们习惯将德国和奥地利的古典乐统称为"德奥音乐",但细究之下,奥地利人在古典音乐领域取得的成就似乎要更胜一筹。维也纳从 18 世纪起就成为欧洲古典音乐的中心,19 世纪又成为华尔兹等舞蹈音乐的发源地。海顿、莫扎特、贝多芬、舒伯特、布鲁克纳、马勒、约翰·施特劳斯父子等一大批音乐家塑造了辉煌的"维也纳古典时代",并在奥地利人的血液里注入古典音乐的要素,他们浸淫于斯,成长于斯,扬名于斯,最后又安寝于斯。而在音乐节上享有盛誉的指挥大师赫伯特·冯·卡拉扬的名声虽然得益于他与柏林爱乐乐团长达 34 年的合作,但他也是奥地利人,1908 年出生于萨尔茨堡,1989 年在故乡逝世。直到现在,维也纳许多公园和广场上依然矗立着这些奥地利音乐家的雕像,一些礼堂、会议大厅也都以他们的名字命名。在维也纳的街头,身背形式各异的小号、巴松管、竖笛等乐器的人比比皆是,广场上也经常有不知名的街头乐队为路人送上一支支欢快的乐曲,就连花卉和甜点也经常用音乐符号来装饰。维也纳金色大厅更是举世闻名,它是每年举行"维也纳新年音乐会"的法定场所。它始建于 1867 年,1869 年竣工,为意大利文艺复兴式建筑。大厅的屋顶为平顶镶板,两侧有楼厅和镀金的女神雕像。

在体育方面,冬季滑雪项目是奥地利人的强项,虽然足球不如德国人——奥地利自 1986 年在友谊赛中击败足球皇帝贝肯鲍尔率领的西德队之后,鲜少赢过德国队,但奥地利人对滑雪的热爱举世闻名。据调查,奥地利人最喜欢滑雪,其次才是足球,再次是网球。在奥地利,山地占国土总面积的 70%,特别是连绵起伏的阿尔卑斯山横贯境内,占奥地利国土总面积的62%,坡度适中,积雪期长,气候接近大陆性气候,受海洋影响小,这样的地形地貌十分适合开展滑雪运动,所以每年都有不同形式的国家性滑雪比赛在奥地利举行。奥地利政府甚至规定,每年的第一周为全国的滑雪周。奥地利境内开辟了 76 个滑雪地区,共有 800 多个滑雪场、近 600 所滑雪学校、上万名滑雪教练、数千台雪地升降机。奥地利滑雪总量为 6100 多万人·天(滑雪人数×滑雪天数),相当于世界滑雪总量的 1/5,现有 3500 多条缆车线路,雪道总长 2.2 万千米,面积共 2.33 万平方千米(占奥地利国土面积的 28%)。仅缆车一项,每年的营业额为 7.3 亿—8 亿欧元,其中蒂罗尔占 46%,萨尔茨堡占 28%,福阿尔贝格占 13%。德国、捷克、意大利、匈牙利等周边国家的很多游客会选择奥地利作为冬季滑雪度假胜地。戴安娜王妃、施瓦辛格等众多世界名人,都曾是奥地利滑雪场的常客。滑雪运动在奥地利有近百年的历史,因此奥地利人对滑雪有着特殊的感情,约占全国人口 70% 的 4—70 岁的人都参与滑雪运动,还涌现出许多世界级滑雪冠军。家家户户都有两三副滑雪板,滑雪板是奥地利家庭的必需品,往往被放在家里显眼的地方。笔者的一位友人上中学时曾作为交换生去奥地利维也纳留学一年,据他说,冬天他的寄宿家庭如果收看体育赛事,绝大部分都是滑雪比赛,而不是我们国人所熟悉的篮球、排球、乒乓球、羽毛球等赛事。

以"无忧无虑"的天性闻名的奥地利人也拥有独特的咖啡文化。午后喝咖啡和吃蛋糕,可谓是奥地利人最棒的生活习惯了。1683 年,土耳其人在围攻维也纳的战争中被击败而匆忙撤退,其间留下了一些在当时的维也纳完全不为人所知的生咖啡豆。一个聪明的商人买下了全部咖啡豆并在不久后开了维也纳第一家咖啡馆。喝咖啡在维也纳已成为生活的一部分,在一种悠闲的气氛中,人们只要付一杯咖啡的钱,就可以在咖啡馆会友、下棋、看书、写书、读报。维也纳最出名的咖啡馆是位于市中心区的中央咖啡馆(Cafe Central)。这一在 1876 年开业的咖啡馆是典型的哥特式风格,高大的大理石梁柱、尖拱形的天花板、边缘勾勒着的简约又不失浮华的金色与蓝色线条,再搭配上黑色荆棘样式吊灯,充满了古典主义的简约奢华。第一次世界大战前,这里一直是著名诗人、剧作家、艺术家、音乐家、外交官们聚会的地方,音乐大师莫扎特、贝多芬、舒伯特、施特劳斯父子等都是这里的常客。维也纳不同咖啡种类的名称与德国咖啡馆中的名称很不一样:著名的 Melange 咖啡源自法语,是一小杯意大利浓缩咖啡加热水,顶部还有热奶沫;Einspinner据说以前是马车夫最爱喝的咖啡,它盛在玻璃杯里,因为玻璃杯比普通陶瓷咖啡杯更导热,冬天时能给马车夫暖手,而它顶部厚厚的淡奶油也能为马车夫提供充足的热量;德国 19 世纪中期的艺术流派比德迈耶(Biedermeier)在维也纳的咖啡馆中竟然是一种混合了杏子酒的咖啡。维也纳人喝咖啡少不了一块蛋糕,萨赫蛋糕(Sachertorte)是维也纳萨赫酒店独特的巧克力蛋糕,1832 年由弗朗兹·萨赫(Franz Sacher)发明。当时的奥地利首相克莱门斯·梅特涅(Klemens von Metternich)经常举办宴会,需要准备大量甜点。一天不巧主厨生病,16 岁的学徒弗朗兹·萨赫急中生智烘焙出这道由 2 层甜巧克力和杏子酱构成的蛋糕,备受宾客赞赏,如今它已成了奥地利的国宝级甜点,而以萨赫酒店为题材的电视剧《嘿,萨赫酒店》(*Hallo Hotel Sacher*)曾在 20 世纪 70 年代风靡奥地利全国。另外,奥地利人喝咖啡时旁边永远放着一杯水,这也是奥地利人的习惯。奥地利是全欧洲水资源最丰富的国家之一。奥地利的水被称为"能生喝的矿泉水",全国上下 50% 的自来水都来自天然的地下水,另外 50% 则来自泉水,这也是奥地利人喝咖啡要配水的原因。当然咖啡馆里也会卖维也纳著名的苹果卷（Apfelstrudel），德国作家乌尔苏拉·克莱谢尔（Ursula Krechel)描写"二战"流亡犹太难民的长篇小说《上海,远在何方?》里,就生动记录了来自维也纳的犹太难民在异国他乡如何靠在西点店制作苹果卷渐渐立足的故事,读来感人至深。①

正如史蒂芬·贝莱尔所说,今天的奥地利和奥地利人与从前的奥地利和奥地利人之间有十分剧烈的断裂。② 以往的奥地利由于地处中欧,历史上战事频繁,但"二战"后,奥地利对外采取中立政策,并且随着欧盟东扩,奥地利在欧洲的中心位置变得极具商业战略意义,赢得了巨大的经济发展机会。在曾经的维也纳,所有火车的起点和终点都是维也纳,一直到 2014 年主火车站的投入使用,以及近年来中国"一带一路"倡议和"17＋1"中国—中东欧国家合作计划的大力推动,奥地利才成了中欧班列从中东欧通向南欧的重要枢纽。维也纳的主火车站甚至应景地装饰起了德国艺术家赖纳·基里斯(Rainer Kehres)的灯饰作品 Seidentraße《丝绸之路》,象征着奥地利运输在共建"一带一路"中的地位。相信在未来,中国和奥地利的合作是大有可为的。

---

① ［德］乌尔苏拉·克莱谢尔著,韩瑞祥译:《上海,远在何方?》,人民文学出版社 2013 年版,第 56—79 页。

② ［美］史蒂芬·贝莱尔著,黄艳红译:《奥地利史》,中国大百科全书出版社 2009 年版,第 3 页。

中奥数字化战略合作

　　数字化建设是奥地利政府及领导集团的核心任务之一,早在 2017 年 12 月新一届政府组阁完成后,便将原奥地利联邦科研经济部更名为联邦数字化和经济事务部(Bundesministeriumfür Digitalisierung und Wirtschaftsstandort,BMDW)。该举措从侧面反映了奥地利政府加快推进奥地利数字化转型的决心,同时也明确了该机构当下的核心任务及职能:一方面,协调推进"数字化政府"建设进程,完善国家数字通信领域的基础建设,进一步提升人民生活便利度;另一方面,通过数字化建设和加大数字化创新科研投入,增强奥地利经济区位优势,提升奥地利中小企业的国际竞争力。2020 年初,奥地利政府颁布《施政纲领》,再次明确未来几年将重点发展绿色经济与数字化。①

　　为更好地落实奥地利数字化战略,奥地利政府积极进行改

---

　　① 《施政纲领》中关于促进经济增长、提高数字化水平的具体措施包括:a.通过改善本国投资环境,提高奥地利作为投资目的地、出口强国和旅游胜地的区位优势;b.贯彻实施新的科研创新战略,加强资金支持力度和提高使用效率,以创新促进经济发展;c.加强融资支持,促进信息科技发展,大力开展数字化、通信网络和 5G 领域建设,将奥地利打造成 5G 领域的领头羊;d.大幅度提高政府数字化行政水平,运用大数据、人工智能等新技术提升奥地利产业水平等。参见:商务部国际贸易经济合作研究院、中国驻奥地利大使馆经商处、商务部对外投资和经济合作司:《对外投资合作国别(地区)指南——奥地利(2021 年版)》,http://www.mofcom. gov. cn/dl/gbdqzn/upload/aodili. pdf,2022-07-05。

革,面向中小企业建设和教育科技领域推出了一系列子战略。笔者通过对更名后的 BMDW 近 4 年来各项政策和重要活动进行观察分析,总结发现其面向企业和社会推出了多项计划和内容。以 2018 年为例,该部门在 1 月份正式开启数字未来启动信号,并提出构建"移动政府"计划。紧接着在 2 月份设置"线上公司服务门户"项目,助力企业简化成立手续,推进企业数字化建设进程。值得注意的是,当年 4 月,BMDW 部长跟随奥地利总统一起访华,并在北京与中国签署电子商务协议,走访了中国华为和位于浙江的阿里巴巴 2 家企业,学习中国企业在电信领域和数字经济方面的先行经验。2018 年底,BMDW 又推出另一项重大举措,BMDW 部长于 12 月宣布启动国家数字产品服务奖,并创设 fit4internet 平台,进一步提高企业和社会的数字化能力,推进数字产品和数字服务行业的发展。BMDW 在 2019 年继续逐步推进其数字化发展项目,于当年 4 月首次为"数字化建设"增设国家级奖项,并于同年 6 月启动首批国家级"数字创新中心"(3 个),以更好地促进大学、研究机构与企业在技术支持和资源使用等方面的对接。

2020 年突如其来的新冠疫情加速了全球数字化进程,对奥地利政府而言,其数字化改革迎来了更广阔的社会需求和群众认同。由于奥地利的数字化改革在欧洲国家中相对启动较早,改革取得的阶段性成果能在一定程度上帮助政府更好地应对疫情影响下的社会需求。同时,疫情加强了整个欧盟国家对数字化建设和全民数字能力的需求,这也让奥地利国家层面的数字化改革得到了整个欧盟国家的政策和资金扶持。可以说,2020 年之后所谓的"后疫情时代"极大限度地促进了奥地利政府的数字化工程建设。BMDW 在政府支持下于 2020 年 4 月联合在奥的通信公司展开迄今最大力度的"数字化免费行动计划"，包括为中小企业、学校和科研机构提供百余种免费数字产品，推动学校和企业数字化进程。随着欧洲各国数字化建设的火热进行，欧盟于 2020 年 12 月正式提出推进欧盟"数字政府"建设的宣言，并表达了对德国、奥地利等国数字化建设的认可。奥地利政府借着这股东风，与欧盟展开更紧密的数字化合作，并积极参与欧盟范围内共享数据市场和技术的欧盟数字化运动。2021 年初，奥地利积极参与欧洲创新中心相关活动，并借力对奥地利中小企业数字化网络建设实施二次覆盖计划。同年 2 月，BMDW 又推出"数字化专业训练营计划"，该项目主要面向智能化工厂训练和医疗应用训练，通过 4 周集成学习，更好地提高相关企业单位员工的数字化能力。

除了面向社会和企业的系列数字化举措外，奥地利政府推行的教育数字化发展战略同样是其数字化战略的重要组成部分。

奥地利教育数字化发展理念的形成在初期得益于德国"教育 4.0"的正向启发。在德国"工业 4.0"和"教育 4.0"计划提出不久，奥地利政府意识到教育数字化的必要性，并于 2016 年就开始孵化面向中小学基础教育的"学校 4.0"计划。奥地利联邦教育、科学和研究部于 2017 年 1 月正式出台相关文件，文件中的战略包括以下四大核心支柱：在小学阶段开启数字化基础教育，培养具有数字能力的教师，完善数字化基础设施，开发数字化学习平台。

针对中小学阶段的数字化战略是奥地利教育数字化道路的"先行兵"，文件的制定及实施机制的落实很好地为数字化教育提供实践范本。小学阶段的数字化基础教育主要针对三、四年级学生，通过课程设置，提高学生的数字能力。联邦教育、科学与研究部同时开发了数字能力评价体系，通过对数字化能力四级、八级、十二级以及 P 级的 4 阶评定,更好地对学生的数字化能力进行有目标的体系化培养。其中数字化能力的核心内容除了要求学生掌握基本的计算机技能和计算机程序使用能力外,还要求注重培养学生对社交网络、信息和媒体内容进行批判性反思的能力。此外,对教师数字化能力的培养也是其亮点之一。奥地利政府已出台规定,要求所有 2017 年之后新入职教师均必须通过标准化数字技能培训,联邦教育、科学和研究部将对教师的数字技能进行审查认证。对教师的数字技能培训主要涵盖 3 方面内容:新教师数字能力测查,新教师完成模块化培训课程,新教师运用所习得的数字能力反思教学实践。为更好地提高新教师的数字与信息化能力,维也纳教育大学与奥地利联邦家庭与青年部合作建立了奥地利第一个未来学习实验室,并计划在这里为教师开展数字工具实验提供便利。①

在落实奥地利数字化战略方面,奥地利政府除了在欧洲范围内探索革新之路外,非常重视亚洲,特别是中国在数字化建设中取得的领先地位与技术优势,并积极主动拓展与中国在数字化建设中的技术交流。奥地利政要 2018—2019 年连续、频繁的中国之行,除了看中了中国广阔的市场前景和两国在经济、外交领域的合作外,另一项不可低估的精神动力来源正是希望可以加强与中国在数字化建设等高新科技领域的合作交流。

在 2018 年奥地利总统及总理携多位联邦部长出访中国的"历史性访问"期间,中奥两国领导人签署了"一带一路"合作文

①　赵文平:《奥地利"学校 4.0"数字化发展战略研究》,《比较教育研究》2019 年第 1 期,第 10—16 页。

件,并将两国关系升级为"中奥友好战略伙伴关系"。在奥地利政要此次访华期间,相关部长和领导专门走访了中国的华为与阿里巴巴 2 家企业,考察学习其在电信网络建设和数字经济领域的先行经验。仅在一年之后,奥地利时任总理库尔茨受邀再次前往北京,参加"一带一路"峰会。2020 年,疫情的暴发加快了数字技术的革新速度。迫于对网络和 5G 技术的急切需求,2020 年,奥地利政府积极与中国政府就国家 5G 建设和通信技术层面展开合作洽谈,促成奥地利电信服务供应商 Hutchison Drei Austria 与中国中兴通讯开展合作,全力将全奥范围内的现有网络全面升级到 5G,并在偏远的农村地区增设 5G 站点。在 2020 年新冠疫情较为严重时期,该企业与中国技术伙伴中兴通讯一起,为当地超过 2000 家公司提供路由器和为期 3 个月的免费互联网服务,很好地帮助中小企业实现居家办公。

在建交 50 周年之际,中奥举办科技论坛,强调两国在科技创新合作领域的重要伙伴关系。奥地利 BMDW 部长专门给中国的国际商报撰文,明确表达奥地利愿同中国在现有的合作框架下继续发展双边贸易的意愿,并希望就环境问题和数字化主题与中国展开更加深入、互信、共赢的合作。

"一带一路"背景下的浙奥合作

自正式建交以来,中奥两国关系一直稳步发展,而且在 2000 年后,尤其是在北京奥运会后,奥地利加强了与中国的经贸合作和文化交流,两国在经济、文化和教育领域均取得了多项发展成就。与此同时,奥地利自 2017 年以来经大选组建了新一届政府,这一届政府注重务实发展中奥两国关系,并将"一带一路"倡议写进其执政协议。因此,以下将以 2017 年为新的起点,梳理奥地利政府在"一带一路"背景下与中国及浙江展开的合作与交流。主要内容包括高层互访与政府交流、双边贸易、双边投资与合作以及投资机会与注意事项 4 个方面。

浙江作为中国革命红船启航地、改革开放先行地、习近平新时代中国特色社会主义思想重要萌发地,积极推进省域治理,不断进取。近年来,浙江积极响应国家"一带一路"倡议,全力打造"一带一路"重要枢纽,全面建设"一带一路"开放强省,努力完成"新时代全面展示中国特色社会主义制度优越性的重要窗口"新使命。浙江积极响应国家与奥地利建设友好战略合作关系的要求,积极拓展与奥地利在经贸和科技层面的合作。

中奥双边贸易

据中国商务部数据,自 2003 年起,中国成为奥地利在亚洲的最大贸易伙伴,同时也是奥地利除欧洲以外仅次于美国的第二大贸易伙伴。2016 年,中奥贸易额达 113 亿欧元,远超亚洲其他国家;同时,奥地利位居德国、法国和英国之后,成为当时欧盟 28 个成员国在中国的第四大投资国。2018 年,中国成为奥地利第三大进口国家,进口总额占比为 5.8%;同时中国也是奥地利重要的出口国之一,排第 10 位,也是奥地利出口国家中唯一的亚洲国家,占出口总额的 2.7%。中奥两国自 2016 年以来,贸易总额每年均超过 100 亿欧元,并且呈现显著递增趋势。2017 年,中奥两国贸易总额约为 122 亿欧元,2018 年增加至 131 亿欧元,到 2019 年接近 150 亿欧元。奥地利从中国进口份额及出口份额均稳步提高。2019 年,奥地利对中国的进口额为 98.25 亿欧元,对中国的出口额为 44.61 亿欧元(见表 10,2019 年贸易数据出自奥地利统计局 2020 年 3 月发布的数据)。

表 10 2016—2019 年中奥两国贸易统计

单位:亿欧元

年份	贸易总额	从中国进口	对中国出口	差额
2016	112.85	79.72	33.13	−46.59
2017	122.04	85.05	36.99	−48.06
2018	131.65	91.10	40.55	−50.55
2019	142.86	98.25	44.61	−53.64

同时,奥地利重视发展中奥两国经贸关系。奥地利统计局于 2019 年专门统计奥地利 2019 年重要的贸易伙伴,并将中奥两国主要的进出口商品种类及贸易份额进行比照分析(见表 11)。表 12 量化了中奥主要对口产业与贸易。相信,以下表格对我国开展中奥贸易同样具有启发意义。

表 11　2019 年奥地利前 11 大货物贸易伙伴

序号	进口来源国	进口额/亿欧元	出口目的国	出口额/亿欧元
1	德国	553	德国	451
2	印度	104	美国	102
3	中国	98	印度	98
4	美国	71	瑞士	73
5	捷克	67	法国	67
6	瑞士	61	匈牙利	56
7	波兰	47	捷克	54
8	匈牙利	43	波兰	52
9	荷兰	42	中国	45
10	法国	42	英国	45
11	英国	28	荷兰	29

表 12　中奥两国 2019 年进出口商品占比

序号	商品	进口额/亿欧元（从中国进口）	占比/%	商品	出口额/亿欧元（对中国出口）	占比/%
1	机械器具、车辆及相关零部件	48.22	49.08	机械器具、车辆及相关零部件	22.56	50.56
2	其他制品	32.84	33.43	各类零部件	6.72	15.06
3	半成品零部件	11.07	11.27	其他制成品	5.65	12.67
4	化工类成品、半成品	4.76	4.80	化工类产品	5.37	12.03
5	原材料	0.73	0.74	原材料	3.20	7.18

从以上奥地利统计局的数据可见,奥地利从中国进口的前 4 类产品依次为:机械器具、车辆及相关零部件(49.08%),其他

制品(33.43%),半成品零部件(11.27%),化工类成品、半成品(4.76%)。奥地利对中国出口的前 5 类产品按所占比例依次为:机械器具、车辆及相关零部件(50.56%),各类零部件(包括器具、医疗设备、光学设备等)(15.06%),其他制成品(12.67%),化工类产品(如化学纤维、化学品、药品等)(12.03%),原材料(7.18%)。

　　以上是奥地利政府对中奥贸易产品的划分方式。接下来,将结合我国商务部 2020 年 4 月数据,对奥地利出口中国和奥地利从中国进口的商品类别做进一步细化和归类。受篇幅所限,以下将从进出口贸易商品类别中各选出前 10 类商品,以给我国出口及外贸企业作为参照(见表 13、表 14)。

表 13　2019 年奥地利从中国主要进口商品(前 10 类)

排名	商品类别	占比/%	上年同比/%
1	电机、电气、音像设备及其零件	29	−9.0
2	核反应堆、锅炉、机械器具及零件	19.7	−6.2
3	家具、寝具等,灯具,活动房	6.9	0.8
4	钢铁制品	3.7	7.4
5	光学、照相、医疗等设备及零件	3.5	2.4
6	玩具、游戏或运动用品及零附件	3.1	2.0
7	航天器及零件	3.1	9.6
8	有机化学品	3.0	7.6
9	塑料及其制品	2.7	−1.8
10	车辆及其零附件(不计铁道车辆)	2.5	35.6

表 14　2019 年奥地利对中国主要出口商品(前 10 类)

排名	商品类别	占比/%	上年同比/%
1	核反应堆、锅炉、机械器具及零件	24.3	−7.9
2	电机、电气、音像设备及零附件	15.3	−7.1

排名	商品类别	占比/%	上年同比/%
3	光学、照相、医疗设备及零附件	11.1	13.8
4	车辆及零附件,不含铁道车辆	7.8	18.8
5	药品	7.7	64.9
6	化学纤维、短纤	6.4	-0.5
7	贱金属杂项制品	3.2	15.6
8	塑料及其制品	3.1	-13.7
9	钢铁	2.9	-3.4
10	木及木制品,木炭	2.5	39.4

　　总体来看,奥地利从中国进口的商品主要为电子产品、电动工具、各类零件、家居用品、纺织服装和玩具等。其中,2019年"航天器及零件""车辆及其零附件"的进口量同比增长较多。奥地利对中国出口商品主要为机械设备、电子元件、汽车组件、光学和医疗类产品以及仪器、塑料制品和铁路设备等。

中奥双边投资与合作

　　随着两国友好合作伙伴关系的加强以及"一带一路"国际合作的不断深入,近年来中奥双向投资发展迅速。据中国商务部数据,超过 650 家奥地利企业在华设立分支机构,其中生产型企业约占 4 成。2018 年奥地利在华直接投资达 1.5 亿美元,同比增幅达 53%,截至 2018 年底累计对华投资达 21.4 亿美元。奥地利在华投资项目主要集中在电子、机械、建材、环保、食品及木材加工等行业。投资区域目前主要集中于上海、广东、江苏、山东、辽宁,以及中西部的四川、陕西、宁夏和云南等地。浙江目前还不算是奥企在华投资热地。与此同时,近年来越来越多的中国企业进军奥地利市场,目前在奥地利具有一定投资规模的中资企业已超过 40 家。华为、中兴通讯、中远航运、中国国航、中国银行等均在奥地利设立了分支机构。据中国商务部和中国驻奥地利大使馆数据,截至 2018 年 4 月,中国一共批准赴奥投资项目 1267 个,投资存量达 10.4 亿美元,给奥地利创造了超过 8000 多个就业岗位,每年缴纳税金超过 1亿美元。

在对奥投资中,浙江企业和浙商参与度相对较高。其中,2011 年,浙江卧龙集团出资 1 亿美元收购奥地利 ATB 集团98％以上股权,成为 ATB 集团实际控制人,一举成为世界知名的电机制造商。当年,卧龙集团董事长在与 ATB 集团签约仪式上,还拜访了正在奥地利访问的中国国家主席胡锦涛以及奥地利总统。奥地利 ATB 集团、ABB 集团和西门子集团,是奥地利电驱动系统领域全球知名供应商,也是奥地利难得的百年企业,其公司成立史可追溯至 1919 年"一战"结束奥匈帝国刚解体之时建立的电气车间(Gottlob Bauknecht)。创始人鲍克内希特(Bauknecht)于 1932 年研制出第一台完全密封电机,该电机是后世电机的生产原型。1951 年,鲍克内希特又推出首台电冰箱,它也是当时各大工厂效仿的产品。到目前,ATB 集团生产产品相当广泛,拥有十几个生产基地,员工人数超过 3500人。浙江卧龙集团并购 ATB 后,在上海成立了 ATB 电机公司,并于 2014 年成立 ATB 电机武汉分公司。

2017 年,宁波均胜集团公司继连环收购德国汽车零部件制造商普瑞(Preh)、德国自动化机器人有限公司(PIA)、德国软件公司 Innoventis 等后,又并购了奥地利知名企业 M&R 自动化公司。M&R 自动化公司位于奥地利第二大城市格拉茨附近工业重镇格兰巴赫,2016 年已有员工 400 人,销售额达 7000 万欧元;完成并购后,员工增至 1100 名,销售额达 2.2 亿欧元。

对此,德国和奥地利多家报纸进行了报道,甚至有媒体以标题"均胜集团收购奥地利"长篇幅详细报道了均胜集团先前并购德国汽车零部件及自动化产业公司等一系列成功的并购案。

除了这2家企业巨头的案例外,还有不少来自浙江的中小企业积极响应国家"一带一路"倡议,加强与包括奥地利在内的中东欧国家的合作,开展双向投资。据一份来自中国商务部网站的数据,2017年,中国对欧洲国家并购数量普遍下降超过20%,总金额减少近1/3;在此背景下,中国对奥地利的投资却实现逆势增长。仅2017—2018年,中国对奥地利至少有4起大型并购,发起方分别为海南航空集团、海尔集团、浙江绍兴的万丰集团,以及浙江宁波均胜集团。不难预见,浙江与奥地利的投资合作才拉开帷幕,作为开放强省的浙江与积极支持中国"一带一路"倡议的奥地利政府或将迎来合作全面升级的好时光。

奥地利投资机会与注意事项

"一带一路"倡议将继续给中国和奥地利的企业提供巨大的商机和合作机会。除国家政策支持外,中国驻奥地利大使馆信息显示,奥地利的国家和社会基础给外国投资者提供了良好基础:奥地利政治和社会稳定,劳资关系自"二战"后以来一直比较融洽,近几年几乎未发生过大规模罢工事件(这点在欧洲比较难得)。而且,与法国、意大利、西班牙相比,奥地利社会治安良好,犯罪率较低,是全球安全国家之一。此外,奥地利基础设施完善,交通便利,劳动力专业技能较强,素质较高。更为重要的是,奥地利地处欧洲中心,是东西欧沟通的桥梁,其独特的地理位置一直受到外国投资者的青睐,自20世纪90年代以来,奥地利就逐渐成为欧洲较具吸引力的国家之一。

据中国商务部消息,世界经济论坛《2017—2018年全球竞争力报告》显示,在全球具有竞争力的 137 个国家和地区中,奥地利排名第 18 位;据世界银行《2018 年营商环境报告》,奥地利在 190 个国家和地区中营商便利度排名第 22 位。

2018 年,商务部网站公布一项奥地利联邦国家投资促进局针对外商公司的调研报告,其核心旨在调查外国公司选择奥地利作为投资目的地的主要参考因素。调查显示(见表 15),奥地利最受外国公司青睐的前三个因素分别为"临近目标市场""基础设施完善"以及同列第三的"生产力和动力"和"生活质量佳"。此外,奥地利"社会经济稳定"以及政府"优惠的税收制度"也是吸引外商投资的因素。相信,该报告同样能为浙江省有投资奥地利意向的企业提供一定的参考。

表 15 奥地利作为外商投资目的地的参考因素列表

排名	因素(占比)	内容
1	临近目标市场(90%)	奥地利毗邻东欧、东南欧新兴市场,距华沙、布拉格和布达佩斯均在 1 小时的飞机行程内。优越的地理环境优势是包括德国在内的西欧国家无法比拟的
2	基础设施完善(61%)	奥地利拥有优良的物流、铁路交通和通信基础设施;奥地利的银行和管理咨询长久以来在东欧商界具有广泛的联系网络和强大的竞争力
3	生产力和动力(39%)	奥地利是世界上生产力较高的国家之一,拥有高素质的专业人员,工作积极性高
3	生活质量佳(39%)	奥地利环境优美,社会经济稳定,人文环境佳,其中首都维也纳是全球较受欢迎的商务城市之一
5	社会经济稳定(28%)	奥地利社会经济稳定,法律保障体系完善,而且奥地利企业罢工现象较为少见
6	优惠的税收制度(11%)	奥地利为控股公司提供较具吸引力的税收政策

目前,已经有越来越多的国际跨国公司选择奥地利作为其

运营中东欧市场的总部。全球约有 300 家跨国公司在奥地利建立了中东欧区域总部,其中包括世界 500 强中的 28 家公司。有 1000 多家国际公司将奥地利作为通往新东欧的跳板。在奥地利的 2/3 美国企业都从这里协调其在周边中东欧国家的商业活动。据奥地利央行统计,截至 2021 年末,对奥地利投资存量较多的国家是德国、俄罗斯、美国、瑞士和意大利。

在"一带一路"倡议下,奥地利的赖夫艾森国际银行已经与中国的金融机构进行合作谈判,奥地利的基础设施建设咨询企业也在"一带一路"相关国家(地区)与中国企业开始合作。此外,2017 年 5 月,在"一带一路"国际合作高峰论坛期间,中国国家开发银行与奥地利奥合国际银行签署了"一带一路"合作备忘录;2018 年 4 月,在奥总统和总理访华期间,中国国家开发银行与奥地利奥合国际银行签署了境外人民币合作框架协议,两国货币合作有了全新局面。

整体而言,奥地利有地缘优势,政治社会稳定,劳资关系融洽,劳工素质高,政府政策支持,科技投入力度强,是全球投资热门国家,也是投资中东欧国家时一个必不可少的窗口。随着我国以及浙江省企业对奥地利投资的热度提高,有以下几点注意事项,可能需要引起投资者注意。

第一,奥地利的劳动力市场相对狭小且保守。为保护本国劳动力市场,奥地利对本国以外的人员就业采取相关限制措施,包括对新欧盟成员国的人员。因此,欧盟以外国家人员赴奥地利就业,困难会更大。奥地利各联邦州之间具体的政策可能有细微出入,因此,在合作过程中建议事先沟通清楚。

第二,妥善处理与工会的关系。工会在奥地利不仅致力于维护劳动者权益,同时也参与公司经营管理。如何妥善处理与工会的关系是企业对奥拓展投资合作的重要课题之一。同时,在奥地利解聘职工不是易事,职工背后有企业职工委员会、工会和工会律师的支持,因此要慎重。

第三,跟欧洲大多数国家的投资环境一样,奥地利的执政党变更可能会影响投资政策和外国人的利益,对此,中国企业要有一定的准备和认识。

第四,在奥地利,企业要保证员工的正常休假;此外,奥地利人的环保意识比较强,政府和欧盟也有相关的环保法律和政策,企业要依法保护生态环境。

浙江与奥地利的友城故事

　　奥地利在面积上接近一个浙江省的大小(浙江省陆域面积 10.55 万平方千米,奥地利约 8.4 万平方千米),两地在经济和产业结构上有不少相似之处。例如,两地都以中小企业为支撑,以开放的外向型经济为主导,都以制造业见长。据政府官方数据,浙江有 95% 以上的企业都是中小企业,它们创造了浙江 50% 的税收和 60% 的 GDP 并提供了 80% 的就业岗位。奥地利中小企业占比为 99.6%,它们创造了 63% 的 GDP 并提供了 67% 的就业岗位。

　　浙江与奥地利很早就有历史渊源。目前有文字记载的最早出现在奥地利的华人出自 18 世纪,据坊间流传,这些华人极大可能来自浙江,但也有说来自广东地区。目前可以考证的最早在奥地利的浙江人出自浙江青田地区[①],他们于 19 世纪末 20 世纪初通过海外劳工的方式移居奥地利(当时的奥匈帝国),并跟着当地人一起经历了奥地利在 20 世纪初的两次世界大战和动荡的岁月。如果抛开这些历史的动荡和至暗时刻,从 1945 年奥地利第二共和国成立起研究浙奥交往史,依旧可以说,勤劳勇敢、开天掘地的浙江人是中国与奥地利民间交往重要的主力军之一。"二战"后奥地利迎来了经济重建的发展时机,结束

---

　　①　郭俭:《奥地利华人的移民历史和社群分布》,《华侨华人历史研究》2012 年第 4 期,第 31—40 页。

动乱年代后的旅奥浙籍华人在 20 世纪五六十年代,陆续把家乡的亲人朋友接去奥地利。这也是中华人民共和国成立后温州地区一次比较大的海外移民潮。但整体而言,数量和规模都比较有限。真正的移民海外的热潮兴起于中国改革开放后的 20 世纪 80 年代。据浙江省温州市公安局数据,1982—1994 年,温州地区接受了近 8 万人的出国移民申请,他们中的大部分去了欧洲,主要是法国、意大利、西班牙等,也包括奥地利。据奥地利人口普查部门消息,自 1980 年之后,在奥地利的华人数量就只增不减。1961 年,奥地利有正式注册的华人 18 人,至 1981 年增至 800 人,1991 年增至 3537 人,2001 年增至 4567 人,2010 年增至 9897 人。① 但正如研究者指出的那样,真正在奥地利的华人数量预估完全高于这些数值。在奥地利的浙籍华人主要集中在首都维也纳,其次在下奥地利州的维也纳新城和上奥地利州的林茨等地。

浙江省与奥地利真正全面开启官方层面的交往与合作当然与我国的外交政策密切相关。自 1971 年 5 月 28 日中国和奥地利正式建交以来,中奥两国关系稳定发展,在政治、经济与文化层面的交往不断深化。1974 年 4 月,奥地利外交部部长基希施莱格访华;1984 年 4 月,中国外交部部长吴学谦访问奥地利;1985 年,基希施莱格作为奥总统再次访华。自 1973 年起,中奥两国积极缔结友好城市伙伴关系。1983 年,中奥两国缔结第一对友好城市:奥地利林茨与中国成都。截至目前,中奥城市共缔结几十对友好关系。其中,2001 年,浙江省与奥地利的

---

① 数据来自奥地利人口普查。这些数据只是提供华人数量急剧上升这个侧面,没能说明在奥地利华人的真正数量。这些数据不包括在奥地利出生的华人后代,而且不涉及没有完成认可和正式登记的群体,所以整体华人的数量远远高于这些数值。

下奥地利州建立友好省州关系;2002 年,浙江在奥地利的友城朋友圈再次扩大,宁波与奥地利的维也纳新城建立友好城市关系。以下,将分别介绍梳理浙江在奥地利的这 2 个友城。

浙江省的友好州:奥地利发源之地——下奥地利州

奥地利共设 9 个联邦州,其中下奥地利州、克恩滕州、施蒂利亚州、蒂罗尔州和萨尔茨堡州自中世纪就存在。浙江省的友好州——下奥地利州(Niederösterreich)地处奥地利东北部,与捷克、斯洛伐克接壤,是奥地利面积最大的联邦州,占地 1.9 万平方千米,人口超过 167 万(2019 年官方数据),是奥地利第二大人口密集区(仅次于首都维也纳),也是奥地利重要的交通枢纽及工业重镇。

历史上,由下奥地利州、上奥地利州及维也纳州组成的地区一直是奥地利核心的文化和政治地带,占据重要地位。976 年,这一地区被授予巴伐利亚的巴本堡侯爵,前面提到的 996 年"奥地利"(Ostarrîchi)这一称呼便是源自这个地区。直到 1450 年,开始出现上奥地利和下奥地利的行政划分,下奥地利地区的全名为"恩斯河下的奥地利",这一称呼一直沿用到 1918 年奥匈帝国解体。"一战"后奥匈帝国解体,奥地利第一共和国成立,国家下设多个联邦州,下奥地利地区首次成为一个联邦州,首府起初设在维也纳。1922 年,维也纳地区随着人口的增长不断扩大,终于脱离下奥地利州,成为独立州。1986 年,作为下奥地利州面积最大的城市,圣珀尔滕(St. Pölten)被定为下奥地利州首府。

下奥地利州在传统上常以多瑙河为界,按地形分为 4 个区域:多瑙河北部以东地区被称为盛产红酒地区(Weinviertel),这里地势低平,多丘陵,盛产葡萄;多瑙河西北地区为森林区

（Waldviertel）；多瑙河西南地区为"果实区"（Mostviertel），这里土地肥沃，农业产值高，盛产水果，家畜饲养也很普遍，周围多菜园；多瑙河东南地区被称为"经济区"（Industrieviertel），这里面积虽小，但经济价值高。

根据下奥地利州独特的地理位置和环境条件，这里主要发展以农业、重工业以及旅游业为首的三大产业。农业长期以来是下奥地利州的优势产业，这里有一半以上人口主要从事农业和林业，该地区盛产农产品，其中小麦和甜菜生产居奥地利国内首位。此外，下奥地利州是奥地利较为重要的葡萄酒产区之一。同时，下奥地利州位于多瑙河东南部地区，拥有丰富的矿产资源，是奥地利重要的经济区，主要发展传统的原料矿床、水力发电及木材能源等工业。"二战"后，下奥地利州建成了数个大中小型的工业部门，其中包括大型工业中心 Eco Plus 等。尽管这个工业区域只占下奥地利州一小部分面积，但它是整个下奥地利州的经济核心地带，甚至也是整个奥地利纳税较多的地区之一。下奥地利州自 20 世纪六七十年代以来，积极响应国家开发旅游资源的号召，也在这里形成了旅游产业链。下奥地利州的西北部分拥有丰富的森林资源，由于背靠阿尔卑斯山，且流经多瑙河流域，这里开发形成了不少度假和疗养胜地。其中，下奥地利州西部，位于梅尔克（Melk）和克雷姆之间一段长达 30 千米的多瑙河谷，已成为奥地利重要的旅游景观之一，每年吸引众多欧洲游客前往。同时，作为奥地利古老的城区之一，下奥地利州拥有丰富的文化和历史古迹，包括在不同历史时期修建的城堡和教堂，其多样的建筑风格吸引了无数游客。迪恩斯泰因（Durnstein）小镇甚至完全保留了中世纪巴洛克艺术风格建筑，其中还有一处城堡遗址乃是当年囚禁英国国王查理一世的地方（1192—1193 年），这里也已成为联合国教科文组织认定的世界遗产保护区。

宁波的友好城市：有 800 多年历史的维也纳新城

2002 年，宁波与维也纳新城（Wiener Neustadt）正式缔结友好城市关系。

维也纳新城隶属下奥地利州，位于下奥地利州南部，距离首都维也纳 50 千米。城市总面积约 6.1 万平方千米，是奥地利境内第 11 大城市，人口超过 4.5 万（2019 年数据）。

维也纳新城在名字中虽然有"新城"二字，听着令人联想到一座年轻的城市，但它其实是一座有着 800 多年历史的"老城"，这里见证了巴本堡家族和哈布斯堡家族的兴衰史与战后奥地利重新崛起的过程。早在 1192 年，当时统治奥地利的巴本堡家族利奥波德五世就在现今的维也纳新城所在地开始新建一座维也纳的"新城"，之后这里就形成了一座有着 4 个塔楼的城堡，后来还成为著名的特蕾莎军官学校校址。至今还能在维也纳新城见到的教堂，始建于 12 世纪。1277 年，这里成为自治市，并开始修筑古堡塔楼等。15 世纪，维也纳新城迎来了它的辉煌时期，因为皇帝腓特烈三世将这里作为帝国首都，而且他的儿子，也就是后来成为神圣罗马帝国皇帝的马克西米利安一世正是在此出生的。之后，这里被匈牙利国王攻陷并占领了 3 年，尽管马克西米利安一世在 3 年后收复了维也纳新城，但自此以后，这里就再没成为首都，而是逐渐发展成皇室前线守军驻扎的城市。1751 年，女大公特蕾莎在这里成立了著名的特蕾莎军官学校（Theresianische Militärakademie）。此后，这里就一直是培养军事人才的重镇。随着 19 世纪工业革命兴起，这里逐渐发展成军事工业生产基地。尤其是在 1938—1945 年"德奥合并"期间，维也纳新城成为希特勒政府重要的战争军事工业基地。这里新建了许多军工厂,主要负责生产战斗机、坦克等武器,包括现今知名汽车企业保时捷公司,当年也在这里设有生产和研发部门,专门制造发动机及相关汽车、坦克等军用交通设备部件。当时维也纳新城飞机厂号称"帝国最大的战机制造厂",装配了全国 50% 的 Me-109 和 20% 的 Fw-190;维也纳新城的 Rax 工厂负责生产大量的 V-2 弹道导弹等。① 由于在军事航空领域的重要地位,维也纳新城后来遭到了盟军的毁灭性轰炸(据说当时用了 5 万枚炸弹),这座巴本堡家族留下来的城市因为战争化为一片废墟。"二战"结束后,政府对这里进行了重建,维也纳新城当之无愧再次成为"新城"。

　　鉴于维也纳新城在很长一段历史中一直是奥地利重要的军事基地,加之它在"二战"前所形成的良好工业基础,这里在"二战"后很快完成了重建,并又一次成为下奥地利州重要的核心城市,其重心主要在工业、贸易和技术研发领域。战争时期的飞机制造厂现已被改造成飞机制造中心,主要用于生产轻型民用飞机和喷气商务机,年产量均超过 1200 架。这里还是下奥地利州最大的科技研发中心、教育城市以及军事驻防城市。1975 年,维也纳新城被欧洲议会授予"欧洲城市"荣誉勋章。20世纪 80 年代,维也纳新城还因为其重要的历史文化和政治经济军事地位,曾经有过通过合并周边各区,扩大总面积,继而参选下奥地利州首府的计划。后来因为在扩城问题上,周边地区居民的想法没能统一,因而错失参选机会,最后下奥地利州第一大城市圣珀尔滕被定为首府。尽管没能成为首府,但掩盖不了这座城市在政治、经济和军事文化等方面的综合实力和魅

---

　　①　《宁波国际友好交流城市(七):奥地利维也纳新城》,《宁波通讯》2008 年第 7 期,第 64 页。

力。而且,维也纳新城地理位置优越,交通便利,是下奥地利州的重要交通枢纽。从这儿出发自驾 35 分钟可达维也纳市中心,40 分钟可达维也纳国际机场,20 分钟可达匈牙利边境,2 小时可达匈牙利首都布达佩斯,80 分钟可达捷克,5 小时可达德国慕尼黑。

维也纳新城与浙江宁波这桩"友城媒事"除了得益于中奥两国政府积极推动两国友城建设的政策支持外,还源自两地政府的"音乐外交"和"教育外交",以及奥地利奥中友协的积极促成。大事件有:1999 年维也纳新城副市长雅契尔率青年合唱团前来宁波访问演出,两市签署建立友好交流关系意向书;2000年 11 月,维也纳新城副市长林赫德携维也纳新城经济技术大学校长迪特博士等考察团人员再次访问宁波,两市签署交流合作备忘录①;2002 年,两地正式签署友好城市合作协议书。此后,宁波与维也纳新城开展了频繁的艺术文化交流,包括:宁波邀请维也纳新城的青年交响乐团来甬演出(2005 年);两地人民共同创作原创音乐剧《茜茜公主》(2008 年)并取得圆满成功;维也纳新城赠予宁波"约翰·施特劳斯"塑像(2010 年);宁波文化代表团出访维也纳新城,并在当地举办"宁波文化周"(2010 年);等等。2010 年,维也纳新城市长带庞大的政府代表团抵甬考察,商讨两城经济领域交流合作。2017 年,宁波的东钱湖区与奥地利哈尔斯塔特湖区结成友好湖区。2018 年,受维也纳新城市政府邀请,宁波市人大代表团访问奥地利,并参观宁波均胜集团公司并购的奥地利 M&R 自动化公司。相信在未来,两地的合作会继续伴随着文化与艺术交流,走向更宽阔的经贸与技术领域。

---

① 《宁波国际友好交流城市(七):奥地利维也纳新城》,《宁波通讯》2008 年第 7 期,第 64 页。

给总统当顾问：从经商到参政的浙侨

2014 年 11 月，对于在奥地利的华人来说，是一个重要的日子。来自浙江丽水的华侨倪铁平被奥地利当时的总统费舍尔授予"奥地利联邦总统和奥地利联邦政府终身经济顾问"称号。根据奥地利宪法，这种荣誉只授予长期为奥地利国家经济发展做出卓越贡献的人士。倪铁平是首位获得此项国家级荣誉的海外华侨，是浙籍华侨的骄傲，代表着"勤劳勇敢、追求卓越"的浙江精神在海外的延伸和传播。自 1992 年以来，倪铁平先后 15 次陪同奥地利总统、总理或经济、教育、文化等相关部门部长访华，为促进中奥两国友好关系发展，尤其在促进浙江和奥地利合作方面，发挥了一定的积极作用。

这位获得奥地利国家级荣誉的"奥地利顾问"来自浙江一个普通家庭，他通过智慧和奋斗，用 3 个 10 年，谱写了从"打工仔"到"总统顾问"的蜕变。

1980—1989 年，第一个 10 年：初到奥地利，经商获成功。

1955 年，倪铁平出生于浙江省丽水市青田县。他在中学毕业后响应国家号召，上山下乡，建设祖国。返城后不久，倪铁平赶上了改革开放后的第一批"出国潮"，满怀着对外面世界的好奇与自己奋斗打拼的热情，他跟随亲朋好友去了欧洲。先在 1981 年来到了荷兰。1984 年，倪铁平携妻儿正式来到奥地利，选择了上奥地利州的首府林茨作为自己异乡的栖居地。跟所有初到他乡的异国打工人一样，他经历了由语言不通、文化背景不同带来的困难与挑战。凭借浙江人敢闯敢拼的奋斗精神和敏锐的商业嗅觉,他在到达林茨第二年开了自己的餐厅,这也是林茨历史上第一家华人中餐厅。餐厅很快受到了当地居民的认可,经营得非常成功,宾客盈门是常态。① 几年之后,生活上的不适感逐渐消去,而且跟不少在海外打拼的浙籍华侨一样,他取得了经济上的成功,并将经营范围从餐厅逐渐扩大到了酒店。随着社交范围的扩大和初到奥地利那种不适感的退去,倪铁平心中逐渐有了更大的心愿:他想更深入地了解奥地利政治、经济和社会,也想要更好地帮助其他海外同胞,扩大海外华人在奥地利的影响。

1990—1999 年,第二个 10 年:协会起作用,从政有收获。

因为心中这个"扩大华人影响力"的念头不断升级,倪铁平在 1990 年迈出了从经商到从政的第一步:组织筹建奥地利华人社团。在他和当地华人的多方努力下,"奥地利华人总会"和"奥中友协华人委员会"不久后得以建立,倪铁平成为首任奥地利华人总会副会长。华人社团的成立一方面加强了在奥华人的情感互通,另一方面得以凝聚在奥华人力量,形成海外互助模式。有着浙江人实干精神的倪铁平并不想把华人侨社局限于形式上的吃喝聚餐,而是为扩大华人侨社影响力积极奔走努力,比如加强华人协会和当地政府关系,向当地政府传达当地华人各方面的生活诉求,为加强侨民与当地政府合作寻找机会等。随着华人社团与当地政府的关系网络逐渐形成并成熟,华人得以在当地更好地发声,也获得了更多直接和当地政府表达夙愿的机会。也正是从那时起,身居华人社团要职的倪铁平逐

---

① 林子靖:《倪铁平:拳拳赤子心,尽显侨领担当》,http://paper. lsnews. cn/lsrb/pc/content/201811/21/content_47901. html,2021-08-20。

渐有了更高目标,那就是为拓展奥地利和中国的合作寻找机会,发挥海外侨社"爱国爱乡,团结华人,沟通中奥"的作用。

2000—2009 年,第三个 10 年:国际大平台,国家级顾问。

跟一部分在奥华人一样,倪铁平在上一个 10 年积极融入当地政界和社会,构建了强大的社会关系网络。伴随着中国在2001 年加入世贸组织,倪铁平再次敏锐地抓住了机遇,他似乎预见了中国在国际贸易舞台上将要发挥的重要影响力,顺势在奥地利成立了"奥中国际贸易促进会",并利用其上一个 10 年积累的人脉资源聘请奥地利联邦和地方政府政要及高校专家;此外,他在 21 世纪初期就意识到欧盟的影响力,及时邀请欧盟范围内的专家,共同组成顾问团。当年邀请到的政要包括欧盟商会主席、奥地利联邦商会主席、奥地利联邦议会议长、林茨市主管经济副市长等。这么一来,这个奥中国际贸易促进会逐渐升级为国家级别的贸促会。在这个 10 年中,他逐渐成为奥地利国家层面关于中奥交流的智囊团成员,并多次陪同奥地利联邦政府和地方政府等不同级别的国事访问成员来华,协助促成浙江省与奥地利的友城建设,也促成浙江与奥地利多项企业对接项目。其中包括 2001 年 6 月浙江省和奥地利的下奥地利州结为友好省州,他是积极推动者之一。此外,倪铁平多次为他所在的城市林茨——也是奥地利的工业重地,与中国企业在钢铁、机械、化工领域的合作牵线搭桥,给当地华人和浙江企业均带来不少创业机会。

倪铁平是华人从经商过渡到从政的排头兵,他的积极作为,是海外华人生存和生活方式转型的特例和典范,同时也是海外浙商积极响应"浙商回归",投身浙江建设,反哺家乡,积极参与"一带一路"等国家重大倡议实施的壮举。

正如倪铁平几次在接受媒体采访时说的,华人要真正赢得当地社会的尊重,参政议政是大势所趋,也是华人在海外更好立足生根的重要手段。① 他身体力行,于 20 世纪 90 年代加入目前奥地利的执政党人民党,并通过卓越的个人能力,积极扩大个人影响力,得到党内领导和民众的认可,定期受邀参加党代会,也在这过程中不断获得更多发言权和政治影响力,获得了更好为当地华人争取政治利益的机会,带领广大华人走出一条异国他乡的"融入之路"。鉴于他个人在奥地利的从政经验以及丰富的人生阅历,他相信华人二代、三代除了要提高自身的教育水平和语言沟通能力外,还应当更积极地走上当地政治舞台,因为华人后裔不仅需要替华人发出更多声音,而且要有远大理想抱负,通过努力,走出一条比父辈、爷辈更宽广的道路,甚至成为下一个库尔茨。

　　奥地利虽然不是典型的移民国家,但很早就有浙江人的足迹。资料显示,在 19 世纪末 20 世纪初,就有来自浙江温州青田地区的华人移居奥地利,他们主要以华工身份迁移而来,从事建筑等劳工行业;20 世纪 30 年代有大批青田人移居欧洲,其中约有 1000 名青田人定居奥地利。② 当时在维也纳乡郊 Breitensee 地区还出现了首个华人小社群,据说,他们有时在酒馆售卖中国珍奇物品,有时聚集在咖啡馆打麻将。③ 可以想象,当时的浙籍华人已经积极开启了己文化和他文化的交流与碰撞。从文化传播视角看,本国物品的交易或者咖啡馆中的麻将

---

① 丁施昊、项捷:《丽水穷小子打工起家,如今已成为总统顾问,还帮助上百人创业》,https://zj.zjol.com.cn/news/911223.html,2021-08-20。

② 郭俭:《奥地利华人的移民历史和社群分布》,《华侨华人历史研究》2012 年第 4 期,第 31—40 页。

③ 郭俭:《奥地利华人的移民历史和社群分布》,《华侨华人历史研究》2012 年第 4 期,第 31—40 页。

游戏,正是一种本土文化流入他国当地文化的体现,而且似乎可以想象,他们在不同文化共存中找到了一种较为和谐的共存方式。因为作为少数移民族群,如何在适应当地社会主流文化的同时保留住自身的本土文化,这是一个现实问题,也是当今移民研究的核心问题之一。而从现有资料看,当时在奥地利的浙籍华人似乎已朝着后来费孝通教授提出的"各美其美,美美与共"的社会理念前进。只可惜,奥地利之后经历了纳粹统治及"二战",这给奥地利人以及当地的华人生活带来了灾难性的影响。直到"二战"之后,人们的生活才步入正轨。由于受到奥地利国家局势动荡的影响,目前相关研究中较难寻找到这段历史时期华人在奥地利处境方面的相关史料。但是"二战"后,随着经济复苏和社会日趋稳定,当地老百姓的生活又走向常态化,研究者们也陆续找到了华人生存和生活的足迹。移民研究学者郭俭指出,"二战"后的奥地利华人在生存策略方面发生了变化:人们不再选择去大街上兜售商品,而是趁着奥地利"二战"后重建的机会,积极谋职,成为工厂固定的"劳工",参与修筑铁路或进入建筑行业等;有些华人有了经营意识,开始经营中餐馆,这也是在奥地利华人移民生活的一次突破。[①] 目前有文献记载的奥地利第一家中餐厅始于 1940 年。

中国改革开放后的 20 世纪 80 年代迎来了一波移民潮(倪铁平也是这一拨移居海外的华人之一),其中欧洲一直是中国海外新移民的重要流向地。开天掘地、守志笃行的浙江人也是这波移民潮中的主体。而在浙江人中又数温州和青田移民占比最高。根据浙江省温州市公安局的有关资料,该局在 1982—

---

① 　郭俭:《奥地利华人的移民历史和社群分布》,《华侨华人历史研究》2012 年第 4 期,第 31—40 页。

1983 年受理申请出国人员为 5469 人,批准发照 4508 人,1984—1994 年批准发照人数则迅速攀升至 71048 人。[①] 自中国 1980 年新移民潮以来,奥地利华人人数迅猛上升。据官方数据,在 1980—2010 年这 30 年中,华人人数从 800 人激增到 1.7 万人。[②] 这部分华人的到来,让奥地利华人数量激增,同时华人社会经济面貌也发生巨大变化。据香港城市大学欧洲华人研究者郭俭调研,浙籍华人构成了奥地利华人群体的主体,约占 7 成,他们中的大多数又来自浙江温州和丽水青田。在奥浙籍华人大多自己经营生意,主要集中在餐饮业。2012 年奥地利《新闻报》报道,在奥地利的中餐厅已增至 1200 多家。这些餐厅的老板大多是浙籍华人。

　　浙籍华人的到来改变了奥地利华人群体的生存模式和状态。华人在 20 世纪五六十年代及之前多以华工身份生活在奥地利,从事修筑公路、铁路等建筑行业;自 20 世纪 80 年代后,富有浙商精神的华人给奥地利带去了中国风味的食物和商品,华人也从"劳工"形象变成了"商人"或者"个体经营者"。在奥华人的生存和生活空间等在近 30 年也发生了巨大变化,这些变化还在继续发生。对此,国内也有不少专家对海外华人,尤其是对浙籍华人的海外群体的生活和融入等问题和趋势展开追踪研究,如中国社会科学院的社会学学者王春光教授,他曾以生活在巴黎的温州籍移民为研究对象,从"社会空间理论"视角对其进行长达 19 年的跟踪调研,以描摹海外华人空间的构

---

　　① 刘悦:《德国的华人移民:历史进程中的群体变迁》,浙江大学出版社 2018 年版,第 75 页。

　　② 郭俭:《奥地利华人的移民历史和社群分布》,《华侨华人历史研究》2012 年第 4 期,第 31—40 页。

建机理及与社会、文化、市场、族群之间的互动。[①] 多项移民研究结果显示，海外华人的社会空间在过去 30 年中发生了诸多变化。如果说老一代海外华人更多生活在自己建构的空间里，并赋予其特定的文化意义和价值，"埋头赚钱、不问世事"，那么新一代年轻的华人新移民则有了更多跨越这个空间边界的能力和需求。他们愿意更主动地融入主流社会，拓展自己父辈们的行业（如餐饮、杂货店等），表达自身需求，扩大自身影响。一些年轻的新移民多为教育移民或技术移民，他们通常具备良好的教育背景和沟通基础；而年轻的华人二代或三代则在当地出生和成长，接受当地教育，了解当地社会文化，拥有更好的环境基础。因此，海外华人走出华人圈，走上参政议政道路是新时代的新趋势，在这一点上，浙籍华人倪铁平已经成功地为在奥甚至在欧华人走出一条道路：从经商到从政，从"埋头挣钱"到"参政议政"，从华人小圈子跃入当地政府决策圈，助力祖国和家乡"一带一路"倡议下的建设。

　　相信在未来，拥有"四千精神"的浙商以及浙籍华人会继续在海外引领华人经历新时代下的新变革和新创新。

---

　　① 王春光：《移民空间的建构——巴黎温州人跟踪研究》，社会科学文献出版社 2017 年版。

奥地利百年汉语缘

　　2011 年 8 月,第十届"汉语桥"世界大学生中文比赛总决赛在长沙举行。经过层层选拔,来自全球各地的 118 位外国大学生从海外 700 多所孔子学院中脱颖而出,来到长沙参加比赛。颇为出人意料的是,这场比赛的冠军吴家齐并非来自汉语学习人数相对较多的美国、日本、韩国等国家,而是来自奥地利。这位金发小伙不仅能说一口准确流利的汉语,而且逻辑清晰,条理分明,就好像是优美的汉语与德式严谨思维碰撞而发生了反应。在比赛中,他被专家和观众誉为"快嘴书生",并最终凭借出色的表现博得满堂彩,获得"优秀汉语语言使者"称号和由国家汉办提供的孔子学院奖学金。

　　其实,这不是奥地利学生第一次在中国举办的汉语比赛中取得突出成绩。2009 年在重庆举行的第二届"汉语桥"世界中学生中文比赛中,奥地利代表队也获得了团体二等奖的好成绩(一等奖被华人居多的新加坡代表队摘得)。这些好成绩的背后,是进入 21 世纪后中国经济持续快速增长和综合实力逐渐增强所带来的汉语在奥地利这个中欧古国的影响力的提升。随着中国在奥地利市场经济中所占份额的日益扩大,以及越来越多的奥地利社会人士出于职业发展考虑而产生的学习汉语和了解中国文化的需求的增加,在过去的 20 年里,汉语在奥地利扎实地开辟着属于自己的道路,渐渐和英语、法语、西班牙语一样,在高校、中学和社会上占据一席之地。查阅历史资料,不难发现这条"汉语热"的红线：在进入 21 世纪后，2004 年 11 月，首次奥地利中文教学学术交流会在维也纳举行，会议期间成立了奥地利中文教师协会，并举办了中文竞赛。这次活动由中国驻奥地利大使馆资助，旨在促进奥地利中文教师的交流与合作，建立起互通有无的网络信息平台。2005 年，奥地利教育部将汉语列入中学语言选修课。2006 年适逢中奥建交和奥中友好协会成立 35 周年，奥地利联邦政府将 2006 年确立为奥地利的"中国年"，这为奥地利的汉语推广事业的发展带来了机遇。2006 年 3 月，维也纳大学汉学系与奥地利汉语教学协会共同举办"奥地利中学汉语教学研讨会"，其主旨为研究奥地利中学汉语教学现状，探讨汉语成为高中会考外语科目的可能性。与会代表认为，鉴于中国悠久的历史文化和现代经济的高速发展，汉语将成为国际交往的主要语言之一，因此，在奥地利各级中学开展汉语教学意义重大。同年 9 月，维也纳孔子学院成立，它是在奥地利成立的第一所孔子学院，由北京外国语大学与维也纳大学共同建设。2008 年 3 月，奥地利格拉茨大学和中国驻奥地利大使签订合作协议。2009 年，奥地利第一所汉语文化推广中心成立，在接下来的 2 年中，有近 400 名学生在这里学习过汉语。2010 年 10 月，奥地利格拉茨大学孔子学院揭牌成立，这也是到目前为止奥地利的第二所孔子学院，由格拉茨大学与江苏大学共同建设。

　　说到奥地利的汉语教学，截至 2007 年，奥地利有 70 多家汉语教学或培训机构①，而现如今已经发展到 100 多家，它们主要集中在东部的首都维也纳地区和西北部的萨尔茨堡地区。这些汉语教学机构中最具实力的当数上述 2 家奥地利孔子学

---

　　①　曾祥喜：《奥地利汉语教学现状与发展——以维也纳地区为例》，《第九届国际汉语教学研讨会论文选》编辑委员会编著：《第九届国际汉语教学研讨会论文选》，高等教育出版社 2008 年版，第 20—25 页。

院。在这 2 家孔子学院成立前,奥地利汉语教学的中坚力量主要是维也纳大学和萨尔茨堡大学的汉学系,但要论及奥地利的汉学源流,则可追溯至 19 世纪奥地利东方学家、奥地利汉学奠基人奥古斯都·费茨梅尔(August Pfizmaier)。费茨梅尔 1808 年出生在奥地利波希米亚的卡尔斯巴德(Karlsbad),自幼即对语言有着浓厚的兴趣,19 岁便精通突厥语、波斯语、阿拉伯语、汉语、日语等众多语言,虽然后来接受的是医学教育,获得了布拉格大学医学博士的头衔,但他还是顺从自己的内心,弃医从文,来到维也纳,1843 年开始在维也纳大学开设汉语课程,每周 4 学时,这也是奥地利历史上第一次开设汉语课程。1848 年,他凭借自己的努力成为奥地利皇家科学院人文学部的正式院士。在之后的 30 多年研究中,费茨梅尔在汉语经史子集的古籍德译上用功甚勤,译著可谓汗牛充栋。据统计,他翻译了《史记》34 卷、《汉书》18 卷、《后汉书》3 卷、《晋书》10 卷、《宋书》5 卷、《陈书》7 卷、《北齐书》11 卷、《隋书》20 卷、《新唐书》21 卷,包括 9 部史书,共计 129 卷。据称这位汉学家"两耳不闻窗外事,一心只读圣贤书",就连 1871 年普法战争结束了都不知道。1986 年,费茨梅尔逝世 100 周年,奥地利科学院举办学术讨论会,并出版论文集《费茨梅尔及其在东亚学上的地位》,以表达对这位著名学者的纪念。

　　1971 年 5 月中奥两国建交。1973 年,维也纳大学东亚学院汉学系的正式建立标志着奥地利汉学在经历了 17—18 世纪传教士汉学时代、19 世纪以费茨梅尔为代表的学者汉学时代、纳粹时期汉学发展的困境时期后,正式进入了学院发展的快车道。① 在 20 世纪 70 年代,德语区乃至欧洲的汉学专业一般比较重视中国传统思想,在语言教学上侧重文言文,而维也纳大学汉学系则非常重视现代汉语,以当代中国的发展为研究重点,在当时也算是敢为人先。维也纳大学孔子学院现任奥方院长、维也纳大学东亚学院汉学系副教授李夏德(Richard Trappl)的学术成长历程就多得益于此,他是 1973 年维也纳大学开设汉学专业后的第一批学生之一,从那里毕业后,便与汉语和中国结下了不解之缘。由于对中奥文化交流的特殊贡献,他在 2012 年荣获奥地利政府授予的"奥地利国家大十字勋章",2013 年荣获"约翰拉贝勋章"。② 维也纳大学汉学系在 2000 年左右迎来一股招生热潮,一学年注册的学生达到 200 多人。从 2006 年开始,每学年有 160—200 位新生在汉学系注册。根据该系在 2012 年发布的报告,2012 年,共有 699 人在汉学系就读,其中本科在读 595 人,硕士在读 85 人,博士在读 19 人。这些数字是很可观的。除维也纳大学外,维也纳地区开设汉语课程的高校还包括维也纳技术大学、维也纳外交学院、奥地利国防大学等,维也纳大学语言中心也为所有注册的在校大学生开设汉语课程。整个奥地利每年约有 80 名奥地利学生可以获得去中国学习的奖学金。

奥地利华人华侨和华裔,大约有 3 万人,其中一半以上生活在首都维也纳地区,他们也有让下一代学习中文的意愿。为

① 该历史分期参考 Führer, B. *Vergessen und Verloren. Die Geschichte der Österreichischen Chinastudien.* Bochum:Projekt Verlag, 2001. 该专著汉译本见[英]傅熊著,王艳、儒丹墨译:《忘与亡:奥地利汉学史》,华东师范大学出版社 2011 年版。

② 张丽丽:《四十载中国缘分——专访奥地利维也纳大学孔子学院院长李夏德》,《孔子学院》2015 年第 5 期,第 28—37 页。

满足这一需求,社会上也有以未成年人为主要教学对象的汉语教学机构,例如成立于 1996 年的维也纳中文教育中心和 2013 年正式挂牌成立的萨尔茨堡中文学校。维也纳中文教育中心是奥地利规模最大的民间汉语培训机构,旨在为在奥地利成长的华人华侨华裔子弟提供一个学习、了解中国语言和文化的场所。学生绝大部分是在维也纳生活的华裔子女。它设于维也纳市第九区著名的国立瓦萨中学内。国立瓦萨中学始建于 1869 年,是著名作家施特凡·茨威格、发现人类血型的诺贝尔奖获得者卡尔·兰德斯坦内尔等众多名人的母校,目前有 800 多名中外学生、30 余名中文老师,学生中约有 1/10 是奥地利籍非华裔学生。相比之下,萨尔茨堡中文学校的规模相对较小,2014 年,在校注册的有华人华侨子女 59 名、奥地利学员 13 名,教师 6 名,但拥有自己独立的校舍。它的雏形是在萨尔茨堡这个充满艺术气息的城市中的一家小画廊,画廊拥有者是一名旅居奥地利多年的华人画家,后担任萨尔茨堡中文学校的校长。鉴于当时萨尔茨堡一直没有一个供华人第二代和业余中文爱好者学习中文的正规私立教育机构,她决心成立萨尔茨堡中文学校。1999 年,她在画廊开设了第一个华侨子女中文班,为了传播中国文化,画廊还开设了中国水墨画课程。后在政府教育部门的大力支持下,教学经费和教学场地问题得到解决,虽然中间有一段时间政府教育经费的限制导致中文班的教学一度停滞,但是 2013 年在中国驻奥大使馆大使、萨尔茨堡市市长以及当地华人华侨的支持下,正式挂牌成立了萨尔茨堡中文学校,2014 年还创办了属于学校与当地华人华侨的中文学报《乐城书香》。

　　由此可见,这些中文学校不仅以汉语教学为己任,同时也兼顾文化交流使命,因为只有以文化宣传为依托,汉语推广才能在海外逐渐立足。同样,奥地利的 2 家孔子学院也是这样的定位。例如,维也纳大学孔子学院除坚持以汉语教学为核心外,还大力推动文化宣传工作,它肩负着介绍中国语言文化知识、促进不同文化与社会对话与交流的使命。

在汉语教学方面,维也纳大学孔子学院在奥地利本土有 9 个合作机构(维也纳大学汉学系、维也纳国际学校、维也纳外交学院、维也纳技术大学、维也纳莫杜尔大学、奥地利国防大学、因斯布鲁克大学、林茨中文学校、奥地利儿童大学),在林茨和萨尔茨堡设有教学点。其中,奥地利国防大学无疑最为引人注目。奥地利国防大学语言系主任瓦尔特勒说,让军官们学习并掌握汉语知识,有助于"开阔他们的眼界,提高他们的素质和能力"。为此,国防大学几年前就开始与孔子学院合作开设汉语教学课程。瓦尔特勒还说,目前在国防大学就读的正式学习外语的现役军官中,学汉语的学员占比已达 12%。[1] 截至 2018 年,孔子学院学员达 1800 余人,每年课时总计近 3000 小时,每年有近 200 人参加各类考试。孔子学院不仅每年会组织学生夏令营,还帮助优秀的汉语学习者申请到中国学习的奖学金,并为本土汉语教师定期提供培训及到中国进修的机会。

在文化推广方面,维也纳大学孔子学院更是表现突出。首先,维也纳大学孔子学院依托当地特色——维也纳是联合国的官方驻地之一,是国际化的城市,每年都与相关机构联合举办"联合国汉语日""联合国和平日""世界和平合唱节"等活动;维也纳同时也是著名的"音乐之都",所以孔子学院与奥地利科学院声音资料室、维也纳男童合唱团、维也纳国立音乐学院、维也

---

① 刘钢:《中国文化的传播者——维也纳大学孔子学院》,http://news. sohu. com/20120619/n346056528. shtml,2021-08-19。

纳普莱纳音乐学院、维也纳钢琴展廊都建立了合作关系,同时积极举办中国特色音乐会,如二胡、扬琴、古琴、琵琶与古诗词朗诵音乐会,展现中国传统乐器之美。奥地利政界高层同样高度欣赏中国文化,维也纳大学孔子学院教师为奥地利总统海因茨·费舍尔夫妇一行演奏的中国传统乐器——古筝就受到了广泛好评。不仅是音乐,维也纳大学孔子学院近年来平均每年举办近 50 场丰富多彩的文化活动和学术讲座,与维也纳城市文化的多样性相得益彰,既介绍博大精深的中国传统文化,也着力展现当代变化发展的中国,其内容涵盖了绘画、文学、影视、建筑艺术、风俗习惯以及生活方式等各个领域,如"影像中的多彩中国"电影展之"少数民族风"(2013 年)和"乡村中国"(2014 年),文学朗诵会等系列讲座,"中国民间艺术"系列讲座,走进联合国"中文日",儿童大学,等等。仅 2013 年就举办各类文化活动 60 余场(同比增长 20%),参加人员 7000 余人(同比增长 7.69%)。尤其是 2013 年 9 月 28 日维也纳大学孔子学院"孔子学院汉语日"的成功举办,让奥地利当地居民感受到触手可及的中国,而定期循环举办的中国传统文化讲座,涵盖国画、书法、茶艺、剪纸以及中医养生等多方面内容,也深受奥地利民众的欢迎。值得一提的是,2012 年孔子学院主题的纪念邮票首次发行,这第一枚孔子学院的邮票就是在维也纳大学孔子学院奥方院长李夏德倡议下制作的。他发现关于孔子有各式各样的邮票,但是孔子学院没有自己的邮票,于是他和奥地利邮政局商量,后者非常支持这个创意,后来邮票的发行仪式也是在奥地利邮政局的总部举行的。① 其次,维也纳大学孔子学院

---

① 王静:《合各方之力,创品牌效应——简述维也纳大学孔子学院的特色发展道路》,《国际汉语教育》2013 年第 1 期,第 55—57 页。

也获得了国内合作机构的支持,就中国政治、经济、社会、法律、国际关系等各个主题举办各种学术讲座、国际学术研讨会和展览活动,邀请众多来自各国的知名专家学者参加。最后,维也纳大学孔子学院与奥地利众多出版社合作,为教材和文化读物的推广搭建交流平台。学院几乎每年都发行新的出版物,既有学术刊物,又有文学书籍和中文教材,如德汉双语书籍《奥地利与中国》《孔子这样说》,中文教材《回见》《人人汉语》,汉语工具书《学汉语小词典》,以及中国语言文化之友杂志《文心》,等等。2009 年至今,维也纳大学孔子学院多次获得全球"先进孔子学院"的荣誉称号。2016 年起,维也纳大学孔子学院被总部确定为"文化试点孔院"。

当然,这些成绩与"汉语热"背后,依然有值得提升的地方。比如就维也纳地区而言,学习汉语的人数近几年确实比 20 世纪末以前有所增加,但就数量与其人口比例来说,还远不如日、韩、美等国。维也纳大学的汉学系与其日文系比起来,实力要稍逊一筹。随着奥地利汉语教学的蓬勃发展,孔子学院开设的课程日益增多,与维也纳市以及其他地区学校的合作课程也逐渐增加,孔子学院目前的师资力量也略显捉襟见肘。奥地利的"汉语热",是机遇,也是挑战,相信奥地利百年汉语缘会在这个世纪继续谱写精彩的篇章。

参考文献

1. 中文文献

[1] 普里斯特尔.奥地利简史[M].陶梁,张傅,译.北京:生活·读书·新知三联书店,1972.

[2] 策尔纳.奥地利史:从开端至现代[M].李澍泖,杜文棠,林荣远,译.北京:商务印书馆,1981.

[3] 路德维希.德国人:一个民族的双重历史[M].杨成绪,潘琪,译.上海:文汇出版社,2019.

[4] 汉德克.骂观众[M].梁锡江,付天海,顾牧,译.上海:上海人民出版社,2013.

[5] 贾德森.哈布斯堡王朝[M].杨乐言,译.北京:中信出版社,2017.

[6] 陈镇,张建强.如何优化中外合作办学项目旅游管理专业课程设置?:以海南—奥地利旅游教育项目为例[J].教育现代化,2017(28):103-107.

[7] 皮耶希.汽车和我:费迪南德·皮耶希自传[M].任卫东,译.上海:上海远东出版社,2009.

[8] 席勒.三十年战争史[M].沈国琴,丁建弘,译.北京:商务印书馆,2009.

[9] 冯中林.奥地利[M].上海:上海辞书出版社,1988.

[10] 傅熊.忘与亡:奥地利汉学史[M].王艳,儒丹墨,译.上海:

华东师范大学出版社,2011.

[11] 郭俭.奥地利华人的移民历史和社群分布[J].华侨华人历史研究,2012(4):31-40.

[12] 韩瑞祥,马文韬.20世纪奥地利、瑞士德语文学史[M].青岛:青岛出版社,1998.

[13] 黄薇.真实的茜茜公主:一位不情愿的皇后[J].国家人文历史,2015(1):102-107.

[14] 焦授松.奥地利总理库尔兹缘何辞职[N].光明日报,2021-10-11(16).

[15] 休斯克.世纪末的维也纳[M].李锋,译.南京:江苏人民出版社,2007.

[16] 李昌珂.德国文学史:第5卷[M].南京:译林出版社,2008.

[17] 李伯杰.德国文化史[M].北京:对外经济贸易大学出版社,2002.

[18] 李晓驷.传承中奥友好　共同谱写合作共赢新篇章[N].国际商报,2021-05-28(5).

[19] 刘悦.德国的华人移民:历史进程中的群体变迁[M].杭州:浙江大学出版社,2018.

[20] 刘晨.奥地利总理库尔茨[J].国际研究参考,2018(10):47-51.

[21] 刘振英.浅谈德语的演变及其发展:二[J].德语学习,2000(6):29-35.

[22] 刘作奎.中国和奥地利经贸合作现状与前景及政策建议[J].当代世界,2017(7):42-45.

[23] 孟钟捷."茜茜公主":一个彷徨者——文艺作品之外的伊丽莎白皇后[N].文汇报,2015-06-19(16).

[24] 孟繁壮.把握时代机遇　推动中奥经贸合作行稳致远

[N].国际商报,2021-05-28(5).

[25] 贝莱尔.奥地利史[M].黄艳红,译.北京:中国大百科全书
　　出版社,2009.

[26] 沈国琴.奥地利应用科学大学的研究与发展状况[J].高等
　　工程教育研究,2017(3):183-186.

[27] 多恩,瓦格纳.德意志之魂[M].丁娜,译.北京:社会科学
　　文献出版社,2015.

[28] 克莱谢尔.上海,远在何方?[M].韩瑞祥,译.北京:人民
　　文学出版社,2013.

[29] 王春光.移民空间的建构:巴黎温州人跟踪研究[M].北
　　京:社会科学文献出版社,2017.

[30] 王斌华.奥地利普通教育与职业教育的一体化趋势[J].全
　　球教育展望,1996(1):21-25.

[31] 王静.合各方之力,创品牌效应:简述维也纳大学孔子学院
　　的特色发展道路[J].国际汉语教育,2013(1):55-57.

[32] 王静.奥地利德语的历史发展和现状[J].西安外国语大学
　　学报,2012(1):55-59.

[33] 武学超.奥地利公立大学基础研究转型发展动因、向度及
　　基本逻辑:《国家公立大学发展规划 2019—2024》述评
　　[J].比较教育研究,2019(9):36-42.

[34] 温德尔.多瑙河畔:哈布斯堡的欧洲[M].于江霞,译.上
　　海:上海社会科学院出版社,2019.

[35] 谢宁.奥地利德语作为语言民族性变体的研究[J].德国研
　　究,2010(4):70-75.

[36] 夏庆宇,张莉.西方社会主要矛盾的变化与政党新陈代谢
　　的关系:以奥地利、比利时为例[J].南阳理工学院学报,
　　2021(1):4-10.

［37］张建伟.中国与德语国家外语教育政策比较及启示［J］.学习与实践,2016(10):134-140.

［38］张丽丽.四十载中国缘分:专访奥地利维也纳大学孔子学院院长李夏德［J］.孔子学院,2015(5):28-37.

［39］赵文平.奥地利"学校4.0"数字化发展战略研究［J］.比较教育研究,2019(1):10-16.

［40］曾祥喜.奥地利汉语教学现状与发展:以维也纳地区为例［C］//《第九届国际汉语教学研讨会论文选》编辑委员会.第九届国际汉语教学研讨会论文选.北京:高等教育出版社,2008:20-25.

［41］郑春荣,范一杨.欧洲右翼民粹政党的发展条件分析:以奥地利自由党为例［J］.当代世界与社会主义,2017(2):129-138.

2. 外文文献

［1］AMMON U. Die deutsche Sprache in Deutschland, Österreich und der Schweiz. Das Problem der Nationalen Varietäten［M］. Berlin: De Gruyter,1995.

［2］BÖNNER A. Die Religionspolitik der Habsburger Kaiser in der Zeit des Dreißigjährigen Krieges［M］. München: Grin Verlag,2012.

［3］STEINFEST H. Gebrauchsanweisung für Österreich［M］. München: Piper Verlag,2017.

［4］JOHNSON L. Central Europe［M］. Oxford: Oxford University Press,1996.

［5］PERKMANN R. Geschichte der Cultur in Oesterreich［M］. Wien: Hanse Verlag,2016.

[6] SCHEUCH M. Österreich-Provinz, Weltreich, Republik. Ein historischer Altlas[M]. Wien: Das Beste Verlag,1994.

[7] TROST E. Das Tausendjährige Österreich[M]. Wien: Ibera Verlag,2003.

[8] VOCELKA K. Geschichte Österreichs. Kultur-Gesellschaft-Politik[M]. München: Heyne Verlag,2009.